W0201993

Nordhessische Ahle Worscht

Heinrich Keim

Nordhessische Ahle Worscht

Eine Wurst mit Kultstatus

Wartberg Verlag

Das vorliegende Buch benutzt fremde und eigene Untersuchungen wissenschaftlicher Art sowie Familienerinnerungen, handgeschriebene Aufzeichnungen und Rezepte anderer, historische und aktuelle Literatur.
Die historischen Darstellungen sollen das Verständnis der Gegenwart erleichtern und gelegentlich auch zur Unterhaltung beitragen. Die Rezepte besitzen keine allgemeine Gültigkeit. Sie dienen als Beispiele für das, was üblich war oder noch ist.
Autor und Verlag danken dem „Förderverein Nordhessische Ahle Wurscht e. V.“, den Feinkostfleischereien Köhler (Hofgeismar), Rohde (Kassel), Landfleischerei Koch (Calden) und dem Naturlandhof Schwarz (Calden) sowie den mit Rezepten vorgestellten Restaurants für die Überlassung von Bildmaterial und die freundliche Genehmigung, in ihren Betrieben Fotos aufzunehmen.

Bildnachweis: Soweit kein Einzelnachweis geführt wird,
entstammen die Abbildungen dem Archiv von Heinrich Keim
Feinkostfleischerei Köhler, Hofgeismar: S. 10, 26, 33
Feinkostfleischerei Rohde, Kassel: S. 34, 39 oben, 51
Fleischereimuseum Böblingen: S. 36 oben
Förderverein Nordhessische Ahle Wurscht e.V.: S. 5, 16, 40, 55
Goldflair-Hotel „Am Rathaus“, Korbach: S. 28
Große Karnevalsgesellschaft Lohfelden: S. 57
Haus Rothstein, Kassel: S. 67
Hessisch-Niedersächsische Allgemeine: S. 18
Hotel u. Restaurant Rosengarten, Schwalmstadt-Ziegenhain: S. 12
Landgasthaus u. –fleischerei Koch, Calden: S. 8, 41, 60, 61, 68
Naturlandhof Schwarz, Calden: 9, 53, 59, 74
Restaurant Klosterkrug, Bad Karlshafen: S. 43
Romantik-Hotel „Zum Stern“, Bad Hersfeld: S. 24

Zeichnungen von Ingrid Eisenberg: S. 15, 48, 56, 66, Umschlagvorderseite
Karikaturen von Jochen Müller: S. 13, 27, 50, 72, 79, Umschlagvorder- und rückseite
Archiv Wartberg Verlag: S. 11, 19, 29, 30, 44/45, 53, 69

1. Auflage 2005
Alle Rechte vorbehalten, auch die des auszugsweisen Nachdrucks
und der fotomechanischen Wiedergabe.
Satz und Layout: Grafik & Design Ulrich Weiss, Gudensberg
Druck: Zimmermann, Balve
Buchbinderische Verarbeitung: Buchbinderei Büge, Celle
© Wartberg Verlag GmbH & Co. KG
34281 Gudensberg-Gleichen, Im Wiesental 1
Telefon (0 56 03) 9 30 50
www.wartberg-verlag.de
ISBN 3-8313-1595-7

Regionalmanagement
NordHessen

Die Ahle Wurscht – Botschafterin der Region Nordhessen

Die Ahle Wurscht oder „Worscht“, wie der Nordhesse sagt, ist die Botschafterin unserer Region. Sie trägt geschmackvoll das Besondere Nordhessens in die Welt hinaus, und das nicht nur kulinarisch.
So wie die Schwarzwälder auf ihren Schinken, die Thüringer auf ihre Klöße und die Burgunder auf ihren Wein, sind die Nordhessen stolz auf ihre „Ahle“. Sie ist eine Marke, die Identität stiftet und europaweit mit der Region verknüpft wird. Schon lange ist sie nicht nur in Nordhessen in aller Munde, sondern auch ein beliebtes Gastgeschenk. Auch Bundespräsident Horst Köhler erhielt bei seinem Besuch der Region eine Ahle Wurscht zum Geschenk.
Sie öffnet Türen und lädt zugleich ein, die Urlaubsregion Nordhessen kennen zu lernen und länger zu verweilen, ist doch hier kulinarischer Genuss auf das Schönste mit abwechslungsreicher Landschaft und kultureller Vielfalt verbunden.
Für die Nordhessen ist sie schon lange die Repräsentantin ihrer Region. Nun hat die Regionalmanagement Nordhessen GmbH die Ahle Wurscht zur „Offiziellen Botschafterin der Region Nordhessen“ erklärt und bindet sie aktiv in das nationale wie internationale Standortmarketing ein.
Das vorliegende Buch des Wartberg Verlags unterstützt in herausragender Weise die Zielstellung, die Ahle Wurscht und die Region Nordhessen noch bekannter zu machen.

Holger Schach
Regionalmanagement Nordhessen GmbH

Ahle Wurscht gibt es auch im sog. Botschafterpaket, zu bestellen unter: www.nordhessische-ahle-wurscht.de

Inhaltsverzeichnis

Statt Vorwort: Schwein gehabt – Glück gehabt 8
Reine Schweine für gute Wurst 9
Durchgedreht, nicht nur für Wurst 9

„Gute Wurst“ in der hessischen Wurstlandschaft 10
Fette Atzung und gesellige Aufmunterung 10
Die Groben und die Feinen 11
Steckbrieflich gesucht... 11
Gut versteckt: Klöße mit Gehalt 12
Wurst ist alles 15
Es geht um die Wurst 15
Vereint im Verein 15
Ahle Worscht, g. g. A. oder g. U. oder g. t. S? 16
De Geleerden sinn sich nidd einich 16

Zu Niederhessens Guten Würsten 18
„Ab nach Cassel“, der Wurst wegen 18
Die *Ahle* heute besuchen 18

Ahle Familiengeschichten, Geschichte der Ahlen 20
Bratwurst, Mutter aller rohen Würste 20
Dürre Runde und Dürre Hunde 21
Knüppel oder Wanderstab? 23
Von Stracken und Schlacken 23
Bloose on Blummenhudd – Blase und Schmalzhaut 25
„Habermegger“, die Alte aus Waldeck 27
Das Jahr im niederhessischen Wurstkalender 30

Die Ahle im Kriege 31
Trockene Wurst „parteiamtlich“ 31
Bauernwurst für Selbstversorger 31

Alte, aber keine Ahle 32

Ahle Worscht herzustellen ist eine Schweinearbeit 33
„Ein Schwein zum Küssen“ für Gute Wurst 33
Des Schweines Ende ist der Wurst Anfang 34
Kalt oder warm, das ist die Frage 34
Gehacktes, Gewiegtes, Durchgedrehtes:
alles für die Ahle 35
Wurstmaschinen und Maschinenwürste 37

Mit kräftigem Wurf in die Spritze . . . 38
Zum Reifen aufgehängt . . . 39
Für Gute Wurst ein gutes Klima . . . 39
„Naturklima“ in der Reifekammer . . . 40
Aufbewahrung: Wohin mit der Ahlen? . . . 42

Ahle Worschtgeschichderchen . . . 46
Geschichderchen und ihre Wahrheit . . . 46
Mit dem Besen an die Würste . . . 46
Das Männchen vom Witzenhäuser Rathaus . . . 48
Sömmer und „Die ahle Wurschd“ . . . 49
Ahle in der Seekiste? . . . 50
Pralinenschachtel mit Ahler . . . 50
Gudensberger Maß: Zwei Halwe sinn zwei Ganze . . . 51
Friehschdiggen bie mäh, krosdelieren derheime . . . 52
Gewiddersche Zibbel . . . 53
Mä honn nix gemachd . . . 54
Wurstsuppe vom „Krawaller“ . . . 55
Der „Krawaller“ und die Eier des Schulmeisters . . . 55
Rote Wurst rustikal . . . 56
Ahle Worscht, ein „närrsches“ Symbol . . . 57
Wurst und Weinbrand . . . 58
Die Ahle Schlacke und ihre drei Wahrheiten . . . 59

„Alte Wurst“ in aller Munde . . . 60
Von der Hand in den Mund . . . 60
Worscht zum Kuchen, der keiner ist . . . 61
Worscht untergekocht: alles in einem Topf . . . 64
Hat sie oder hat sie nicht? . . . 68
Wie die Wurst, so der Mensch . . . 69
Typisch nordhessisch . . . 69

Lexikon einiger Begriffe aus Mundart und Fachsprache . . . 72

Rezeptverzeichnis . . . 77

Literaturhinweise . . . 78

Statt Vorwort

Schwein gehabt – Glück gehabt

Wir leben in unserem Alltag mehr mit der Vergangenheit, als wir uns bewusst sind. Das gilt für jeden Einzelnen, aber auch für alle gesellschaftlichen Gruppen in ihrem kulturellen Umfeld. Es gilt sogar für Küchenbräuche und Verzehrgewohnheiten. Manches findet sich, mehr oder weniger versteckt, in unserer Alltagsprache wieder.

Vor Jahren warben Hessens Fleischerfachgeschäfte mit der Frage: „Heute schon Schwein gehabt?" „Wer Schwein hat, der hat Glück", meinen wir heute, wenn wir die Redensart verwenden und sprechen vom Schwein als Glücksbringer. Wir wissen selbstverständlich, dass der Betroffene heutzutage kaum noch ein wirkliches Schwein im Stalle hat. Schließlich ist der Städter kein Landwirt mehr. Vielleicht hat die Redensart gar nichts mit einem wirklichen, lebendigen Schwein zu tun. Volkskundler nehmen nämlich an, sie beziehe sich auf die alten deutschen Spielkarten. Dort war auf dem höchsten Trumpf ein Schwein abgebildet. Wer einen solchen Trumpf besaß, der hatte ein „Schweineglück". Andere verweisen auf die kriegerischen, später mit allerlei Vergnügungen gepaarten Übungen der alten Schützengilden vieler niederhessischer und waldeckscher Städte. Oft erhielt derjenige ein Schwein, der beim Preisschießen – genau genommen – kein Glück hatte und die „Treffsicherheit des dritten Siegers" bewies. Er erhielt ein Schweinchen als Trostpreis, und das bedeutete mehr Spott als Glück. Der Humanist Sebastian Brant reimte im „Narrenschiff" mit volkstümlichem Witz (1457–1521):

„Wer schießen will und fält des rein,
der dreit dir suw im ermel heim."

Ganz so mit der Sau im Ärmel war das in Hessen-Kassel nicht. „Die „Casselische Zeitung von Policey, Commercien und anderen/dem Publico dienlichen Sachen" wies einst darauf hin, dass am 24. September 1732 „zu Lamern im Ampte Drendelburg ein Freyschiessen … gehalten" werden solle. Der „Erste Gewinnst ein fett Schwein a 13 Reichsthaler". Sei wie es sei oder einstmals war. Für uns gilt jedenfalls wie schon seit Jahrhunderten: Wer Ahle Worscht machen will, der braucht ein Schwein. Deshalb beginnt unser Buch auch nicht mit der Wurst und dem Wurstmachen, sondern mit dem Schwein dazu.

1943: Das Foto zeigt den Cällschen Viehhändler „kleiner Husar", der auch in Zivil Schaftstiefel trägt wie ein „Goldfasan". Der Metzger „schlägt zu".

Reine Schweine für gute Wurst

Jeder Hausmetzger weiß: Das Schlachtschwein muss „rein" sein, nicht unbedingt rein gewaschen, aber rein geschnitten. Männliche Schweine wurden nämlich schon als Ferkel „geschnitten" oder später als „Altschneider". Nicht immer gelang die Aktion. Dann war das Schwein „nicht rein geschnitten" und gab das schon bald durch sein Verhalten zu verstehen. Die Hessen behaupten noch heute von jemandem, der sich schnell erregt und zu unüberlegten Handlungen neigt, er sei „nicht rein geschnitten". Wenn ein Schwein nicht rein geschnitten ist, dann gehört es nicht in die Gute Wurst und schon gar nicht in Nordhessens Ahle Worscht. Die könnte misslingen, da das Fleisch einen unangenehmen Geschlechtsgeruch aufweisen kann.

Durchgedreht, nicht nur für Wurst

Wurstfleisch wird durchgedreht, durch den Fleischwolf selbstverständlich. Wer einmal in den Einlauf des Wolfes geschaut und gesehen hat, wie das Fleisch gequetscht, umgewendet und nach hinten geschoben wird, ehe es von Messern und Scheiben zerschnitten ist, der weiß, was wir meinen, wenn wir von einem Menschen behaupten, er sei „durchgedreht" oder verhalte sich so. (Übrigens: Das Wort Wurst oder Worst kommt bereits im Althochdeutschen des 11. Jahrhunderts vor und bedeutet damals Gedrehtes, Durchgemengtes.)
Ahle Worscht mit allen Sinnen genießen, auch mit dem Verstande, ist auch ein Ausflug in die Kulturgeschichte.

„Gute Wurst" in der hessischen Wurstlandschaft

Fette Atzung und gesellige Aufmunterung

Speisen sind Kulturleistungen. Ihre kurze Haltbarkeit verhindert allerdings, dass sie in volkskundlichen oder regionalgeschichtlichen Museen Ehrenplätze einnehmen. Das gilt selbstverständlich auch für Nordhessens „Gute" oder „Rote Wurst" und besonders für die *„Ahle Worscht"*. Die landschaftlichen Spezialitäten mit ihren regionaltypischen Bezeichnungen sind für die Nordhessen *„Schmeckewöhlerchen" (Leckereien)*. Man isst sie gern und oft. Sie stillen nicht nur den alltäglichen Hunger, dienen auch der Freude des Gaumens und dem Genuss, sondern leisten auch einen Beitrag zur regionalen Identität. Mancher, der im Laufe seines Lebens in die Fremde verschlagen wurde, verbindet mit den Gedanken an seine alte Heimat auch Duft und Geschmack von *Ahler Worscht*.

Das Bild zeigt: Nordhessen bietet kulinarisch mehr als Ahle Worscht, doch sie gehört immer dazu.

Die Esskultur einer Region verrät vieles über Lebensart, über Brauch und Sitte der Menschen, die in ihr leben. Was den Wurstgenuss angeht, da lieben die Nordhessen Deftiges und Delikates nach bodenständigen Rezepten. Sie bevorzugen die Verbindung von Kräftigem mit Köstlichem, von Masse mit Klasse, von eigentlich Gegensätzlichem also. Eine hessische „Polizey- und Land-Ordnung" des Landgrafen Moritz aus dem Jahre 1622 nennt solche Genießer „Schleckfresser, welchen nichts zu teuer".

Für die Nordhessen stand fest: „Selbst zu bescheidener Lebensweise gehört Ahle Worscht." Für die Nordhessen gilt allerdings auch, was bereits 1793 über die „Honoratiorenkost" des Klosters Haina berichtet wurde, nämlich dass deren Absicht nicht nur in „fetter Atzung als vielmehr in geselliger Aufmunterung zu suchen ist".

Eine Schwälmerin reimte *„Beim Kadäuffelnläse"* (= Beim Kartoffeln lesen):

„... Denn hött mer ahle Woscht un Kadäuffeln im Häus
guckt bestemmt niemez hongrich äus dem Fänster räus."

(Hat man Ahle Worscht und Kartoffeln im Haus,
dann schaut bestimmt niemand hungrig aus dem Fenster heraus.)

Die Zwestener vom Naturpark Kellerwald behaupten:

„Ne Ahle Worscht onnen Leeb Bruud, doh kannsdes usshahlen."

(Mit Ahler Worscht und einem Laib Brot kannst Du es aushalten.)

Die Groben und die Feinen

Die kulinarischen Spezialitäten einer Landschaft spiegeln wider, was die Natur ihren Bewohnern bietet, aber auch, was diese mit Fleiß, Einfallsreichtum, Geschick und Geschmack aus diesem „natürlichen Angebot" zu machen verstehen. Hessen ist im Norden reich an Wasser, Wald und Weiden. Mittelgebirge wie Meißner und Rhön, Kellerwald und Waldecker Upland gliedern Nordhessen in malerische Landschaften mit fruchtbaren Tälern und Ebenen wie das Kasseler Becken und den Schwalmgrund. Dörfer im alten Chattengau wie Dorla, Werkel, Lohne gelten im Sprichwort wegen ihrer Fruchtbarkeit als Hessenlandes Krone. Dieses Charakterbild der nordhessischen Landschaft spiegelt sich auch in ihren Würsten wider. Hier sind die rustikalen, in Materialzusammenstellung und Verarbeitung schlichten und einfachen, meist gröber gehackten Würste zu Hause. Ihr Aroma stammt in erster Linie aus der Verarbeitung schlachtfrischen Materials und entwickelt sich während der natürlichen Reifung. Die meisten Spezialitäten Nordhessens haben ihren Ursprung in der bäuerlichen Hausschlachtung.
In Gedanken an die Würste aus Nordhessens Wald- und Höhenregionen, auch aus Zentren bäuerlicher Eigenversorgung, mag mancher Feinschmecker Heinrich Heine zustimmen: „Nichts ist köstlicher als die Raffinesse des Einfachen."

Steckbrieflich gesucht ...

... das wird sie nicht. Aber man muss sich schon umschauen, wenn man die echte Ahle Worscht finden will. Sie ist zwar naturgereift, aber sie wächst nicht auf Bäumen wie ein Apfel. Sie hat ihre Stammlande, in denen sie zu Hause ist. Das sind Kassel-Stadt und Land, Waldeck und das Ederbergland, das Gebiet von Werra und Meißner, das Kurhessische Bergland an Schwalm und Eder sowie Waldhessen. Allerdings liegen einige Orte in diesen Gebieten schon „hart an der Worschtgrenze". Andere, scheinbar „Ausland" aus der Sicht der Wurstregion, gehören gerade noch dazu.

Rezept

Gut versteckt: Klöße mit Gehalt

Früher zählten Klöße zu den Alltagsspeisen der Nordhessen. Noch um 1850 gab es in der Woche „Fleischtage" und „Fischtage". Montag und Sonnabend waren „Klößetage". Viele essen noch heute gern Klöße, am liebsten Fleischklöße. Wenn Kinder keine Kartoffelklöße mochten, dann brachte man sie dazu, auf essende Weise deren „Guten Kern" zu suchen, die beliebte „Gute Wurst".
Übrigens: Klöße sind in Nordhessen nicht nur eine Speise, sondern ein „in sich und außer sich rundes kulinarisches Prinzip", ein Spiel mit „Hülle und Fülle". Gerade die Fülle ist es, die den Kloß vom Alltagsessen zum „Festtagsschmaus des Kleinen Mannes" macht.
Ein klassisches Kloßrezept gibt es in Nordhessen nicht, nur viele „Annäherungsversuche an ein – in Wirklichkeit gar nicht vorhandenes – Idealrezept". Die Rezepte überstehen problemlos jeden Ortswechsel, lassen sie sich doch anpassen an Landschaft und Leute, an die Geschmäcker und an die Jahreszeit.

Schwälmer Kleß med Ruhre Worscht

Zutaten: *1,5 kg rohe, geschälte Kartoffeln, 750 g geschälte Pellkartoffeln, 2 Eier, ½ Stange Porree, 400 g geschälte, gewürfelte Ahle Worscht, Salz, Majoran.*
Zubereiten: Rohe Kartoffeln reiben und im *Kleesebiedel* fest ausdrücken. Alle Zutaten verkneten. Aus der Masse Klöße formen und in kochendem Salzwasser bei schwacher Hitze etwa 20 Minuten garen.
Anrichten: mit Schmandsoße

Schwälmer Kartoffelklöße aus dem „Rosengarten"

Zutaten: *Rote Wurst, 1 kg rohe Kartoffeln, 1 kg gekochte Kartoffeln, jeweils geschält, 1 Stange Lauch, Majoran, Salz, 50 g Gries, 0,5 l Milch, 200 g Schweinespeck in Würfeln, 1 gehackte Zwiebel.*

Zubereiten: Rohe Kartoffeln reiben und gut ausdrücken, gekochte Kartoffeln stampfen. Beides zu einer Masse vereinen und kräftig mit Majoran und Salz würzen. Gries mit Milch aufkochen und über die Masse geben. Lauch putzen, in feine Streifen schneiden und zur Kartoffelmasse fügen. Aus der Masse 10 Klöße formen und in der Mitte mit einem Stück Schwälmer Roter Wurst füllen.
Klöße in kochendes Wasser geben und 5 Minuten ohne Deckel kochen, danach 15 Minuten abgedeckt ziehen lassen.
Speck in der Pfanne auslassen, Zwiebel zugeben und anschwitzen.
Anrichten: Specksoße über die fertigen Klöße geben und servieren.
(Rezept: Ingo Friedrich, Küchenchef des Restaurant Rosengarten)

Hotel & Restaurant „Rosengarten" am historischen Festungsgraben in Ziegenhain

Schwälmer Specksoße

Zutaten: *250 g gewürfelten Schinkenspeck, 250 g gewürfelte Zwiebeln, 2 El Mehl, 0,5 l Wasser, 0,5 l Sahne, 0,25 l Weißwein, Fleischbrühe, Salz, Pfeffer, Muskat.*

Zubereiten: Gewürfelten Speck kross auslassen, Zwiebel zugeben und anschwitzen, mit Mehl bestäuben und binden, mit Weißwein ablöschen. Mit Wasser und Sahne auffüllen und etwa ½ Stunde durchkochen. Mit Salz, Pfeffer, Muskat und etwas Fleischbrühe abschmecken.
(Rezept: Ingo Friedrich, Küchenchef des Restaurant Rosengarten)

Schwälmer Kartüffelklees „halb und halb, aber nicht ganz"

Zutaten: *300 g klein gewürfelte Rote Wurst, 1 kg rohe, geschälte Kartoffeln, 250 g gekochte, geriebene Kartoffeln, 2 Eier, angeröstete Würfel von 2 Brötchen, Majoran und Salz.*
Für die Soße: 50 g Speck, 2 mittelgroße Zwiebeln, beides gewürfelt.

Zubereiten: Rohe Kartoffeln reiben und in einem *Kleesbiedel* fest ausdrücken. Alle Zutaten zu einem glatten Teig verkneten. Klebriger Teig kann durch etwas Mehl „trocken" gemacht werden. Klöße von etwa 8 cm Durchmesser formen.
Wasser zum Kochen bringen. Abgesetzte Stärke des Kartoffelwassers dazugießen und Klöße in der Brühe (etwa 20 Minuten) gar ziehen lassen. Speck und Zwiebeln goldgelb anbraten.
Anrichten: Gekochte Klöße auf vorgewärmte Teller setzen und Specksoße darüber geben.
(Rezept: Schwalm Touristik, Ziegenhain)

Schwälmer Mehlklöße mit Gurrer Woschd

Zutaten: *750 g Weizenmehl, 2 in Milch eingeweichte, altbackene Brötchen, 5 Eier, 150 g „Gute Wurst", 1–2 Tassen Wasser, Salz, Muskat;*
Soße: 150 g gewürfelter Bauchspeck, 1 Becher Schmand.

Zubereiten: Alle Zutaten für die Klöße gut verkneten, formen und in kochendem Salzwasser garen. Bauchspeck kräftig ausbraten und Schmand darunter rühren.
Anrichten: Klöße mit der Soße servieren und Feldsalat oder Lattichsalat dazureichen.

Diewercher mid Schusdersoße (Diebchen mit Schustersoße)
Kartoffelklöße mit Roter Wurst gefüllt, in Specksoße angerichtet

Zutaten: *400 g Würfel von Roter Wurst, 600 g rohe, geschälte Kartoffeln, 600 g Pellkartoffeln ohne Schale, ⅛ l Milch, 1 Tasse Mehl, 3 Eier, gerebelten Majoran, gemahlenen Pfeffer, Salz,*
Specksoße: 75 g Fetter Speck, 75 g Magerer Speck, 2 Zwiebeln, 2 El Mehl, ⅜ l Fleischbrühe.

Zubereiten: Rohe Kartoffeln reiben, ausdrücken und 60 Minuten ruhen lassen, Pellkartoffeln reiben. Kartoffeln mit Mehl, Milch, Eiern und Gewürzen zu einem festen Teig verkneten. Klöße um die Würfel der Wurst formen, in kochendes Salzwasser geben und – je nach Stärke – etwa 20 Minuten ziehen lassen.
Speck würfeln und auslassen, kleingehackte Zwiebeln im Fett andünsten, mit Mehl bestäuben und braun werden lassen. Brühe zugießen, glatt rühren und sämig kochen.
Anrichten: Klöße auf vorgewärmte Teller setzen und mit Soße übergießen. Mit Grünem Salat oder Schmandlattich servieren.
Anmerkung: Nach Vilmars Idiotikon von 1867 hießen Mehlklöße „an der unteren Werra" „Diepchen".

Resderkleese
Für kluge Hausfrauen boten Klöße eine Antwort auf die Frage: „Was bringe ich heute alles auf den Tisch?" Die Antwort konnte lauten: „Mittags Klöße, abends Resderkleese." Was vom Mittag übrig blieb, das wurde abends in Scheiben geschnitten und auf der Pfanne von beiden Seiten knusprig angebraten. Dazu gab es Specksoße, oft auch Schmandlattich. Der sollte nach altem Volksglauben müde machen wie der Salat aus Löwenzahn. Der weiße Saft aus den Blattrippen erinnerte an Mohn, den man oft auch Schlafmohn nannte.

Zutaten: *Kartoffelklöße (in Scheiben geschnitten), Schmalz, Eier, Salz, weißer Pfeffer, Stracke (hauchdünn geschnitten), Schnittlauchröllchen.*

Zubereiten: Schmalz in einer Pfanne erhitzen, Kloß-Scheiben darin auf beiden Seiten anbraten, Wurstscheiben auflegen.
Eier mit Salz, Pfeffer, Schnittlauch verquirlen, über die Scheiben gießen und stocken lassen.
Anrichten: Alle frischen Salate eignen sich als Beilage.

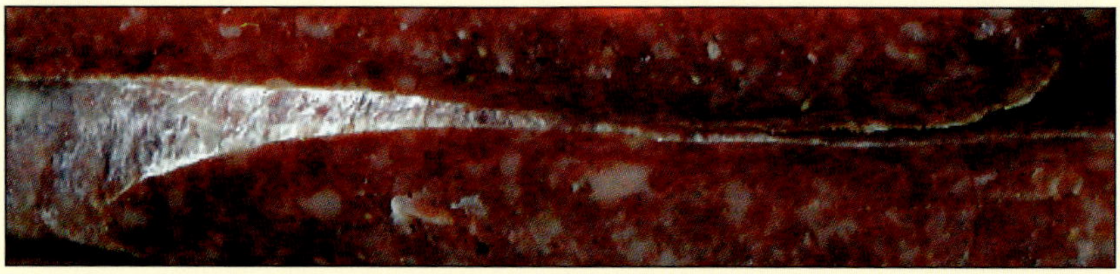

Wurst ist alles

Wer nun meint, den Hessen sei alles „Worscht“, der irrt. Die Fleischer Nordhessens gingen nämlich hellsichtig in die Öffentlichkeit, als ihnen eine Bestimmung der Europäischen Union zu verbieten schien, ihre berühmte und geliebte Ahle Worscht und alle Abkömmlinge aus dieser Familie aus schlachtwarmem Fleisch herzustellen. Da galt: *„Worscht iss nidd alles, awwer alles Worscht.“* Die Nordhessen wollten damit ausdrücken, dass Wurst zu ihren höchsten kulinarischen Kostbarkeiten zählt und besonders die Ahle Worscht im Laufe der Jahre fast „Kultstatus“ erreicht hat.

Es geht um die Wurst

Schon Ende der 1970er Jahre bildete sich in Nordhessen eine Arbeitsgemeinschaft aus Fleischermeistern, Vertretern der Lebensmittelüberwachung und der Berufsbildung. Sie sahen in der Vereinheitlichung von Qualitätsanforderungen eine Gefahr für regionale Spezialitäten. Befürchtet wurde auch, dass „dem Verbraucher bekannte und von ihm geschätzte Bezeichnungen verwendet werden für Produkte, die ... mit dem ursprünglichen Erzeugnis kaum noch identifizierbar sind.“ Die Gefahr besteht bis heute. Seither gab es zahlreiche Bemühungen um Qualitätssicherung.

Vereint im Verein

Bereits im Jahre 1996 entstand in Frankfurt eine „Aktionsgemeinschaft pro traditionelle Fleisch- und Wurstspezialitäten e. V.“, kurz APW. Sie tritt für das ein, was ihr Name verrät: Deutsche Wurstspezialitäten. Inzwischen bemüht sich auch ein „Förderverein Nordhessische Ahle Wurscht e. V.“ (Kontakt: Tel. 0160/97709615) seit Oktober 2004, offene Fragen zur *Ahlen Wurscht* zu klären, ein gemeinsames Marketing zu begründen und weitgehenden Rechtsschutz für die *Ahle* zu erreichen.

Nordhessische Ahle Wurscht – Das Original.

Ähnliche Ziele verfolgen Nordhessens Fleischerinnungen mit dem in 2005 gegründeten Verein „Qualitätsgemeinschaft nordhessischer Lebensmittel“. Sie haben Ahle Worscht, die Nordhessische Stracke, die Nordhessische Dürre Runde und den Nordhessischen Feldkieker als schützenswerte Lebensmittel in ihr „Aktionsprogramm“ aufgenommen.

Ahle Worscht, g. g. A. oder g. U. oder g. t. S?

Die Abkürzungen entstammen einer Verordnung der Europäischen Kommission in Brüssel und dienen Hersteller und Verbraucher gleichermaßen. Ein farbiges Label verrät dem Verbraucher, was er für „sein gutes Geld“ erhält. Der Hersteller wird davor geschützt, dass unredliche Mitbewerber den zugkräftigen Namen eines Erzeugnisses benutzen, um eine geringerwertige Ware anzubieten. Unterschieden werden:

- Geschützte Ursprungsbezeichnung (g. U.): Erzeugung, Verarbeitung und Herstellung eines Erzeugnisses sind in einem bestimmten geografischen Gebiet und nach einem dort allgemein anerkannten und festgelegten Verfahren erfolgt.
- Geschützte geografische Angabe (g. g. A.): Mindestens eine der Produktionsstufen erfolgt in der Region, auf die der Name der Ware oder die Angabe in diesem Zusammenhang hinweist.
- Garantiert traditionelle Spezialität (g. t. S.) bedeutet, dass die Zusammensetzung des Produkts und das Herstellungsverfahren oder eine Verarbeitungsmethode einer bestimmten Tradition entspricht. Die als g. t. S. bezeichnete Ware ist nicht an einen geografischen Ursprung gebunden.

Übrigens: Wenn Zweifel plagen, dem sei versichert: Die niederhessische Ahle Worscht verdient nach Tradition und regionaler Verbundenheit, nach Fleischauswahl und typischem Herstellungsverfahren das Prädikat „Geschützte Ursprungsbezeichnung“.

De Geleerden sinn sich nidd einich

(Die Gelehrten sind sich nicht einig)

Die Nordhessen haben Schwierigkeiten, wenn es um die Rechtschreibung ihrer Mundarten geht. Offensichtlich gilt für sie bis heute, was Henner Piffendeckel (= Philipp Scheidemann) schon 1910 schreibt: *„Mä Casseläner bringen Dehne iwwer de Zunge, die se uns so lichte nirgendswo nohmachen. Mä honn'n baar Sorden O un'n baar Sorden U un au'en baar Sorden A. (Wir Kasseläner bringen Töne über die Zunge, die sie uns so leicht nirgendswo nachmachen. Wir haben ein Paar Sorten „O“ und ein Paar Sorten „U“ und auch ein Paar Sorten „A“).* Das galt sicher für fast alle Orte in Nordhessen. Jeder hatte seinen eigenen oder gar eigentümlichen Zungenschlag. In dieser Schwierigkeit meint er: *„Un do sollde usgerechned ich zu (!) 'ner einheidlichen Schriewerei kommen? Das kanne mo einer browieren, der sonst nix ze (!) dhune hodd ...“ (Und da sollte ausgerechnet ich zu einer einheitlichen Schreibweise kommen? Das kann einer probieren, der sonst nichts zu tun hat.)*

Ähnlich urteilt der Heimatdichter Heinrich Ruppel 1941 im Vorwort zu seinen *„Hossich-Musseganden“* (=Hochzeitsmusikanten). Er erklärt: *„Deswäjen stet hie manch een Usdrock bahle so on bahle so – dos muß bedoocht wären, lieber Läser!“ (Deswegen steht hier manch ein Ausdruck bald so und bald so – das muss bedacht werden, lieber Leser!)*
So heißt die hochdeutsche Alte Wurst bis heute mal Ahle Worschd oder Worscht oder Woschd, mal Werschd, Wurschd oder Wurscht. Das Deutsche Lebensmittelbuch wählte gar die Bezeichnung „Ahle Wurst“ und schuf damit aus dem Hochdeutschen und dem Niederhessischen einen echten Zwitter der Nomenklatur.
Der Förderverein entschied: „Wir schreiben Wurscht“. Der „Qualitätsgemeinschaft“ geht es niederhessisch „um die Worscht“. Fest steht allerdings: Das harte „t“ im Auslaut eines Wortes wurde im alten Chattengau seltener als selten gesprochen. Am Ende sind die Niederhessen für das Weiche.
In unserem Buch wählen wir die am weitesten verbreitete, historisch begründete Schreibweise „Worscht“ und halten uns ansonsten so weit das geht, und es geht eigentlich gar nicht, an das im jeweils genannten Ort, in der jeweils zitierten Quelle „Ortsübliche“.

Kulinarisches Worträtsel aus Nordhessen

Ehe Sie sich, lieber Leser, auf die Reise begeben zu Nordhessens kulinarischen „Schätzchen“ – im Geiste mit diesem Buch, in Wirklichkeit zu regionaltypischen gastlichen Stätten und Wurstmachern – sollten Sie Sachkunde beweisen, indem Sie die folgenden Rätselfragen beantworten oder sich das Nichtgewusste aneignen, indem Sie dieses Buch studieren.

- Wer hat nach einem alten Schwälmer Kinderrätsel Hülle und Fülle?
- Welche Dürre ist auch eine Runde?
- Welcher Träger der Krone wird daran aufgehängt?
- Welcher Hund kam als armes Schwein zur Welt?
- Wieso ist die Gute Wurst der Nordhessen zwar eine Rote Wurst aber keine Rotwurst?
- Welche Fülle heißt wie die Hülle?
- Wo gibt es in Nordhessen ein Ende nach dem Ende?
- Wer nimmt ab und wird fett dabei?
- Wie unterscheiden sich geräucherte Ahle der Nordhessen vom Hamburger Räucheraal?

Wenn Sie, lieber Leser, diese Fragen nicht auf Anhieb beantworten können, dann sollten Sie sich sofort eine Portion *Ahle Worscht* kaufen, sie mit stillem Vergnügen *krosdelieren* und dieses Buch dazu lesen. Wenn Sie auf Seite 70 angekommen sind, dann wird ihnen des Rätsels Lösung leicht fallen.

„Ab nach Cassel", der Wurst wegen

Die Nordhessen standen schon seit altersher in dem Ruf, gute Wurstmacher zu sein. Für die Stadt Kassel dokumentiert das sogar eine alte Wanderordnung. Noch im 18. und 19. Jahrhundert mussten Fleischergesellen für drei Jahre „auf die Walz" gehen, ehe sie sich als zünftige Meister selbständig machen durften. Sie sollten unterwegs ihre Fertigkeiten und Kenntnisse bei fremden Meistern vervollkommnen.

Am 29. May 1789 gibt Johann Aloys, Fürst von Oettingen, für seinen Herrschaftsbereich eine „Wanderordnung" heraus. Darin rät er den Jünglingen, jene Orte aufzusuchen, wo ihr Gewerbe „am vollkommensten" ausgeübt wird. Wer in besonders genannten Städten und „bei berühmten Meistern" gearbeitet hat, der braucht für die Aufnahme in seine Zunft nur das halbe Meistergeld zu zahlen. Außerdem werden ihm zwei Wanderjahre für drei angerechnet. Die Stadt Kassel zählte schon damals neben Braunschweig, Göttingen und Hamburg zu den vier besonders genannten Städten im gesamten Heiligen Römischen Reich deutscher Nation.

Mitglieder der Kasseler Fleischer-Innung präsentieren ihre Schätzchen: Dürre Runde, Stracke und „Stracke in der Schlacke".

Die *Ahle* heute besuchen

Schon der Kasseler Mundartdichter Karl Sömmer reimte: *Do kamme getrost durch ganz Deitschland laufen: Die Wurschd giwwed's nirgens wo anner ze kaufen. (Da kann man getrost durch ganz Deutschland laufen: Die Wurst gibt es nirgends sonst zu kaufen.)*

Als Lokalpatriot hat Sömmer sicher übertrieben. Man darf sich daher mit Recht fragen: „Muss ich eine Bildungsreise durch ganz Nordhessen unter-

nehmen, um die beste *Ahle Worscht* kennen zu lernen, etwa gar die Verbundenheit von Land und Leuten mit ihrer *Ahlen Worscht* buchstäblich zu er-fahren? Sollte ich vielleicht gar „auf Schusters Rappen“ auf die Walz gehen, um zu probieren, wo mir Niederhessens Wurst am besten schmeckt? Zu empfehlen wäre das sicher und gesund auch. Nur: Die Urteile wären so verschieden und so zahlreich, wie die „Schleckfresser“, die sich auf die „Wurstreise“ begeben.
Warum die Urteile so unterschiedlich ausfallen? Das liegt nicht nur daran, dass „die Geschmäcker“ verschieden sind. Das ist auch nicht nur eine Frage der Gewürze. Jeder Wurstmacher hat „seine eigene Handschrift“. Wer mit einem Fleischer über dessen Wurst diskutiert, der sollte bedenken: „Jeder hat sein Schätzchen und liebt es.“

Ahle Familiengeschichten, Geschichte der Ahlen

Bratwurst, Mutter aller rohen Würste

Die grobe „Hessische Bratwurst“ ist keine Bratwurst wie viele andere. Sie verdankt ihren Namen auch nicht dem Umstand, dass sie gebraten und dann erst gegessen wird. Ursprünglich war sie keine gebratene oder zu bratende Wurst sondern eine Brat-Wurst oder „Fleisch-Wurst“ (brato, später Brat, Bret oder Brät = Fleisch).

Hessische Bratwürste gab es schon vor Jahrhunderten in zwei Qualitäten:

- Milde gesalzene, schwach gewürzte und locker „gestopfte“ Bratwürste hielten sich nicht lange und wurden meist auf dem Rost gebraten.
- Bratwürste, die „dauren“, also länger haltbar sind, galten als „Gute“ oder „Rote Würste“ unter den Bratwürsten. Sie wurden stärker gesalzen, kräftiger gewürzt und fester „gestopft“. Später nannte man sie auch Bauernbratwürste.

Beide Qualitäten mussten nach alten Landesordnungen aus Fulda 1707 und aus Kassel 1747 „von lauterem Schweinefleisch“ mit dem „Feisten“ (Fettgewebe), aber ohne Innereien hergestellt werden. So steht es auch 1791 im Kasseler „Regulativ wie es künftig mit Schlachtwesen und Fleischverkauf in hiesiger Residenz zu halten“. Schon im „Betrugs-Lexicon“ von 1724 wird vermerkt, dass „Metzger betrügen, wenn sie unter die Bradt-Würste jung Rindernes Fleisch hacken ...“

„Wurstologia und Durstologia“ des Marcus Knackwurst von 1662, Titelblatt: „Gib mir deine Wurst, so lesch ich Dir den Durst.“

Wie die frischen Bratwürste zu Würsten wurden, die „dauren“, und sich schließlich zur „Roten Wurst“ und zur Dauerwurst entwickelten, das beschreibt der Gelehrte Paul Jacob Marperger in seinem „Küch- und Keller-Dictionarium“ bereits 1716: Es müssen *„selbige mit Saltz und Gewürtz viel stärcker verwahret und härter gestopffet werden.“* Für sie trifft sicher auch zu, wie einige Fleischer schon damals arbeiten: *„Einige vermischen das Saltz mit etwas Salpeter und wollen, dass dadurch das Fleisch nicht allein schön roth, sondern auch wohlgeschmack werde, länger daure und gut bleibe.“* Die moderne Fleischforschung bestätigt heute die von Marperger 1716 beschriebenen Qualitäten: Farbe, Wohlgeschmack und Haltbarkeit. Salpeter leitet die langsame Umrötung der Wurst ein und verbessert ihre Haltbarkeit. Die dabei entstehende „Pökelröte“ trägt zur Aromatisierung bei.

So sind die verschiedenen Bezeichnungen der Nordhessen für ihre regionaltypischen Rohwürste aus deren Geschichte zu verstehen:

- **„Gute Wurst“**, weil sie aus Schweinefleisch besteht. Damit ist diese nordhessische Wurst eine der wenigen deutschen Wurstsorten, die nur Muskelfleisch und Fettgewebe vom Schwein enthalten.

- **„Rote Wurst“**, die durch „Rotsalzen“ mit Salpeter eine dauerhafte, pökelrote Farbe erhält.
- **„Trockene Wurst“**, da sie „dauren“ soll und bei langer Aufbewahrung trocknet, reift und so zur Dauerwurst wird.

Wenn Sie, lieber Leser, sich schon jetzt sortenkundig fühlen, dann irren Sie. Es gibt nämlich Stracke und Runde, dicke und dünne, Keulen und Kieker, *Blummen* und Blasen, Schlacken und Nachenden, Geräucherte und Luftgetrocknete. Daher empfehlen wir Ihnen: Lesen Sie weiter!

Dürre Runde und Dürre Hunde

Die Bezeichnung „Dürre Runde“ ist eigentlich ein Widerspruch in sich. Wer oder was dürre ist, das kann eigentlich nicht rund sein. Das gab es früher nur in Nordhessen und vielleicht noch in Thüringen. Die Dürre Runde ist eine lufttrockene oder geräucherte Rohwurst im Kranzdarm. Für Ahle Worscht bleibt sie je nach Kaliber mindestens sechs Wochen in der dunklen, kühlfeuchten *Worschtekammer* hängen, reift und trocknet. Sie verliert an Gewicht und gewinnt an Aroma. Die frisch gefüllte, pralle Runde schrumpft zur Dürren Runden.

Dürre Runde in der Qualität von Ahler Worscht ist selbstverständlich eine „Trockene Wurst“. Ob sie auch mager ist, das hängt von der Zusammenstellung des Materials ab. Beim Trocknen nimmt jedenfalls der Gehalt an fleischeigener Feuchtigkeit ab, der Fettgehalt prozentual zu.

Die Behauptung, dass die Nordhessen früher mit Wohlbehagen „Dürre Hunde“ verspeist hätten, ist zugleich falsch und richtig. Der *Derre* oder *Dirre Hund* war eine runde Rohwurst, in frisch gefülltem Zustand einmal mit dem *Worschteseil* zu zwei Portionen durchgebunden, lange gereift und gut getrocknet. Wer den Stammbaum der *Dirren Hunne* sucht, der findet, dass sie ursprünglich in der Stadt Kassel, deren Umland, im Raum Fritzlar und in der Schwalm zu Hause waren. Als der Schriftsteller Johann H. Schwalm (1938) „Aus dem Schwälmer Leben versunkener Tage“ berichtet, bezeichnet er die „därre Woscht“ als Dürren Hund. Mutterwitz gab den Würsten ihren Namen. Heute binden nur wenige Fleischer die Dürre Runde in der Mitte durch.

Dr. Udo Schlitzberger, Landrat des Kreises Kassel

„Ahle Worscht schmeckt mir am besten bei einer rustikalen Vesper im Tierpark Sababurg – dazu ein ‚kühles Blondes‘ von der Knallhütte, einfach märchenhaft. Die Ahle Worscht passt zu Nordhessen: Sie ist von originärer Authentizität, sie ist kräftig und kernig, sauber und solide. Sie ist ein bodenständiger Bestandteil unserer nordhessischen Heimat, in der traditionelle Handwerksarbeit und rustikale Esskultur gepflegt und geschätzt werden."

Rezept

Dürre Runde rustikal

Dürre Runde, inngeschierd nach Holzfällers Art

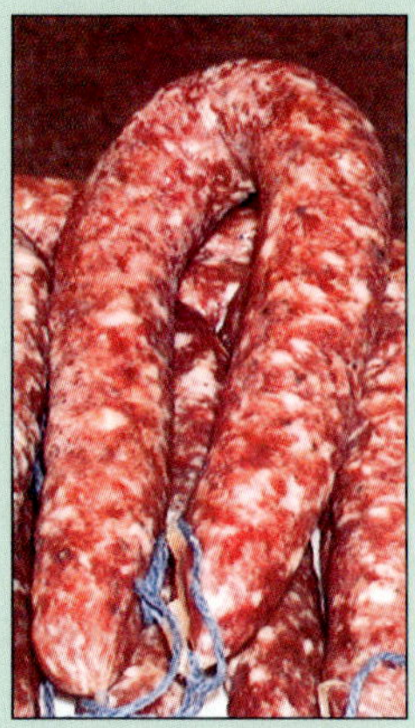

Waldarbeiter nahmen in den zwanziger Jahren des vorigen Jahrhunderts regelmäßig „ein Achtelchen Rote Wurst" mit an die Arbeit im „Holzwald". Die Holzfäller stapelten im Laufe des Vormittages mehrere Scheite trockenes Holz und zündeten sie an. Wenn das Feuer niedergebrannt war, holten sie ihr Stück Rote Wurst aus der Tasche, schlugen es in mehrere Lagen Zeitungspapier ein, verschnürten es mit Draht und tauchten es in Quellwasser. Das Päckchen schoben sie in den zusammengefallenen Haufen aus Glut und Asche, um die Wurst zu garen. Einer, der damals dabei war, erzählte: „Schmeckt gut. Trocken Brot dazu und Schnaps." Ein anderer meinte, ganz früher habe man das „Waldeckische Intelligenzblatt" zum Einwickeln genommen. Heute schlägt man die Wurst zuerst in Alu-Folie ein, ehe man Zeitungspapier verwendet.

„Dürre Runde pikant" – gebraten und süß/sauer geschmort

Sie werden gebraten, wenn sie „gerade eben" ausgereift sind. Trotzdem nehmen sie, spätestens auf der Pfanne, eine pökelrote Farbe an und machen eine „Schnellreife" ähnlich der heißgeräucherten Brühwurst durch. Hinzu kommt der durch Anbraten entstehende „Bratengeschmack" in Kombination mit süß-saueren Nuancen. Der Gesetzgeber verlangt allerdings, dass mit Salpeter versetzte Wurst mindestens 28 Tage reifen muss, bis der Salpeter abgebaut ist.

***Zutaten** (für 2 Personen): eine Dürre Runde oder (althessisch eine zu zwei „Dürren Hunden" durchgebundene Dürre Runde), 2 Lorbeerblätter, 4 Pfefferkörner, 4 Scheiben Bauernbrot, Essig, Zucker, Schmalz zum Anbraten.*

Zubereiten: Wursthaut entfernen, Dürre Runde halbieren, dann Hälften achteln, Stücke in heißem Schmalz anbraten und von der Pfanne nehmen. Brotscheiben in ganz kleine Würfel schneiden, in das heiße Fett geben, mit Fleischbrühe ablöschen und würzende Zutaten hinzufügen, schmoren lassen.

Dürre Runde zugeben und das Ganze eine halbe Stunde garen oder 45 Minuten bei 120° C in den vorgeheizten Backofen stellen.

Anrichten: mit Salzkartoffeln und Schmandlattich.

(Altes Familienrezept von Frau Annemarie Köhler, Seniorchefin der Feinkost-Fleischerei Köhler, Hofgeismar)

Knüppel oder Wanderstab?

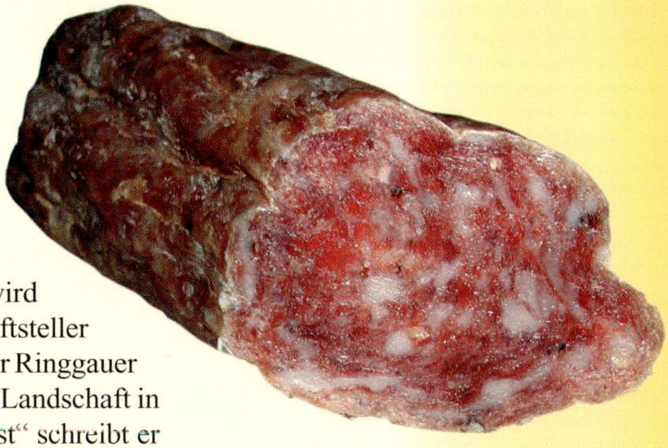

Die in den schmalen Schweinedarm (Dünndarm) gefüllte Wurst wird nicht immer als „Runde" abgebunden. Wenn sie dann mit dem Bindfaden am *Werschdeknibbel* hängt, zieht sie sich unter ihrem Eigengewicht gerade wie ein Stock. Da sie dünn ist, trocknet sie in dem dünnwandigen Naturdarm stark und wird *knibbelharde,* hart wie ein Knüppel. Der Schriftsteller Siegfried Lenz verkostete die Wurst während der Ringgauer Wurstprobe, als er versuchte, das Wesen dieser Landschaft in ihren Würsten zu erkennen. Von der „Hartwurst" schreibt er in einem Essay, dass sie „gut und gern als Polizeistock hätte Verwendung finden können".
Seit einigen Jahrzehnten bieten Fleischer und Gastwirte in Nordhessen „Spazierstöcke" an: *Ahle Worscht* im engen Schweinedarm wird schon vor der Reifung zur Form eines Spazierstocks oder Wanderstabs gebunden und behält die Form während der Trocknung. Bereits in den 1930er Jahren des vorigen Jahrhunderts stellte ein Fleischer und Gastwirt in Gudensberg aus praktischen Gründen solche Würste her. Man konnte mehrere über einen Arm hängen. So wurden sie bei Holzauktionen in den Langen Bergen hinter den Käufern hergetragen und mit Bauernbrot und Schnaps als Vesper angeboten.

Ahle Worscht aus „Warmfleisch":
Ahle ist beides: Stracke: 7 Monate (o.),
Knüppel, Knibbel: 2 Monate gereift (u.).

Von Stracken und Schlacken

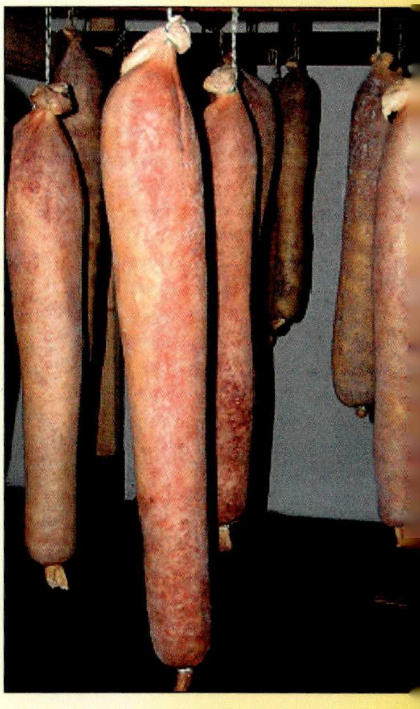

Ihren Namen verdankt die Schlackwurst dem Darm, in den die Wurstmasse gefüllt ist: die Schlacke, den Spießdarm, Enddarm, Schlossdarm oder Mastdarm des Schweins. Alte Hausmetzger nennen ihn derb aber deutlich „Arschdarm". Die gefüllte Schlacke wurde am dicken Ende „gespeilt". Man steckte einen „Speil" als kleinen zugespitzten Holzkeil durch die Kerbe zwischen Darm- und Fleischmuskulatur. Er wurde mit einer Schleife Wurstgarn umschlungen.
Der Rest Fleischmuskulatur am Ende des Schlossdarms heißt bei den Fleischern Krone. So trägt die Schlacke nach altem Brauch die „Krone" unter Nordhessens Guten Würsten und das am dicken Ende. Warum? Sie gibt ihnen Halt, wenn sie am Seile baumeln.
Die „Ahle mit Krone" zählt zu dem besten, was Nordhessen kulinarisch zu bieten hat. Sie bleibt in dem dickwandigen Fettdarm auch bei Monate dauernder Reifung mürbe und zergeht beim Essen auf der Zunge. Diese Qualität trug der Wurst in einigen Dörfern Nordhessens den Namen ein: „Marzipan vom Schwein".

Die Wurstmasse für Alte Wurst kann in den Mitteldarm des Rindes gefüllt werden. Der Darm verläuft gerade oder „strack". In der Fachsprache der nordhessischen Fleischer heißen die Mitteldärme des Rindes „Stracke" und so heißen auch die darin abgefüllten Guten Würste. „Stracke" als dicke Würste reifen langsamer als „Dürre Runde". Das beeinflusst Konsistenz und Geschmack trotz unter Umständen gleichem Füllsel. Je langsamer die Reifung verläuft, desto intensiver tragen Aroma bildende Bakterien und fleischeigene Enzyme zur Bildung und Ausprägung des Wurstgeschmacks bei. Das ist eines der „offenen Geheimnisse" der naturgereiften Guten Wurst. Die Waldecker im Raum um Korbach bevorzugen ihre „Waldecker Stracke" geräuchert.

Rezept

Die Stracke in Salaten

Warmer Salat von „Stracke mit Muskatkürbis" zu Kartoffelflan mit Senfsabayon

***Zutaten** (für 4 Personen): Salat: 300 g Muskatkürbis, 240 g Stracke, 0,05 l Apfelessig, 0,1 l Geflügelfond, 1 Schalotte, 0,05 l Sonnenblumen- oder Rapsöl, Salz, Pfeffer, Zucker.*
***Kartoffelflan:** 500 g Kartoffeln, 6 Eigelb, 200 g Butter, 150 g Sahne, Salz, Pfeffer, Muskat.*
***Senfsabayon:** 4 Eigelb, 4 Tl süßen Senf, 0,1 l Weißwein, 0,1 l Geflügelfond, Salz, Pfeffer.*

Zubereiten: Kartoffelflan: Kartoffeln waschen, kochen, schälen und durch eine Presse drücken.
Zerlassene Butter, Eigelb und Sahne unterrühren, mit Salz, Pfeffer und Muskat abschmecken.
Feuerfeste Förmchen ausbuttern und mit der Masse zu ⅔ auffüllen. Im Wasserbad bei 160° C im Ofen etwa 30 Minuten pochieren.
Stracke-Kürbissalat: Schalotte schälen und fein würfeln, Kürbis und Stracke in feine Würfel schneiden. Etwas Öl in der Pfanne erhitzen, Zucker zugeben und karamellisieren lassen.
Kürbis zugeben, kurz durchschwenken und mit dem Apfelessig ablöschen. Geflügelfond zugießen, schmoren lassen, bis die Flüssigkeit vollständig eingekocht ist.
Stracke dazugeben und mit Salz und Pfeffer abschmecken (wer mag: auch mit etwas Kreuzkümmel).
Senfsabayon: Alle Zutaten in eine Rührschüssel geben und auf einem Wasserbad schaumig aufschlagen, abschmecken.
Anrichten: Flan in der Mitte eines runden Tellers (Durchmesser 28 cm) anrichten, den Stracke-Kürbissalat um den Flan verteilen und mit Röllchen von Schnittlauch bestreuen. Sabayon dazu reichen.
(Rezept: Restaurant zum Stern, Bad Hersfeld)

Romantik-Hotel und Restaurant „Zum Stern", Bad Hersfeld, in dessen Kellergewölbe noch Teile des Gebäudes aus dem 8. Jahrhundert zu finden sind.

Reissalat – „sättigt und kräftigt acht Personen“

Zutaten: *300 g Langkornreis, Salz, 100 g Dosenmais, 1 rote und 1 grüne Paprikaschote, 200 g geräucherte Stracke (gewürfelt), 5 El Balsamicoessig, 8 El Olivenöl, Pfeffer aus der Mühle, 8 Salbeiblätter, 1 Tl Rosmarinnadeln, Petersilie.*

Zubereiten: Reis in ½ l Salzwasser aufkochen und noch 10 Minuten quellen lassen, dann kalt abschrecken.
Mais auf einem Sieb abtropfen lassen, Paprikaschoten putzen, waschen, würfeln. Reis mit Mais, Paprika- und Wurstwürfeln mischen. Soße herstellen aus Essig, Öl und gehackten Kräutern, Pfeffer und Salz, dann über den Salat geben und 2 Stunden durchziehen lassen. Petersilie hacken und kurz vor dem Servieren untermischen, teilweise aufstreuen.

Spargelsalat mit Ahler Worscht

Zutaten: *1 kg Spargel, 250 g Stracke (luftgetrocknet), 4 Eier (hartgekocht), 3 El Schmand, Essig, Öl, weißer Pfeffer, Salz, Petersilie (gehackt).*

Zubereiten: Spargel schälen, stückeln, in kochendem Wasser ziehen lassen. Wurst würfeln. Eier in Scheiben schneiden.
Schmand mit Petersilie mischen, mit etwas Essig und Öl verrühren und abschmecken.
Spargel, Wurst und Eier gut mit „Dressing“ mischen und kurze Zeit kühl (aber nicht kalt) stellen.
Anrichten: als Vorspeise oder als „Kleine Malzeit“ mit Baguette.

Bloose on Blummenhudd – Blase und Schmalzhaut

Bei der Hausschlachtung verwendeten die sparsamen Nordhessen alles, was sich dazu anbot. Die Haut von Flomen, „Schmalz“ oder Liesen diente als natürliche Wursthülle. Die wurden aus der Bauchhöhle des schlachtwarmen Schweinekörpers getrennt und zum Auskühlen mit der Haut nach oben flach ausgebreitet. Man zog die Haut ab, befreite sie von anhaftendem Fett, schnitt sie rechteckig zu und nähte sie zu einer Wursthülle zusammen. Das war Arbeit für Frauen und musste gelernt sein. Wenn die Nadelstiche nicht den richtigen Abstand hatten, dann konnte die Haut reißen, die Wurst platzen.

Helmut Hartmann reimte über das Schlachtfest:

De rore Warschd die warde	*(Die rote Wurst wurde*
noch'm Ässen gleich jemachd,	*nach dem Essen gleich gemacht,*
doch dobei ess de Blummenhütt	*doch dabei ist die Flomenhaut*
enn Stegge offjekracht ...“	*ein Stück aufgekracht.)*

Beim Füllen der Flomenhaut mit Wurstmasse kam die fette Seite nach innen. Die Nordhessen nannten die Wurst in der Flomenhaut in ihrer Mundart *Schmalzhudd* oder *Blummenhudd* als Verballhornung des Wortes Flomenhaut. Je nach Zuschnitt wird die *Blummenhudd* als Keule bezeichnet. Auch Kalbsblasen wurden früher mit „Guter Wurst" gefüllt. Typisch für Nordhessen war, dass die Bezeichnung für die Wursthülle auch als Name für die fertige Wurst benutzt wurde, für Stracke und Schlacke, für Schmalzhaut und Blase.

Zu einem Kranz vereinigte Wursthaken hingen früher unter der Decke ländlicher Wurstkammern, unerreichbar für die Katze, die sich mit Mäusen begnügen musste. Sie war der Garant dafür, dass auch die Mäuse nicht an die Wurst gelangen konnten. „Da beißt die Maus keinen Faden ab", wie es in einer alten Redensart heißt, dafür sorgte die Katze, die „das Mausen nicht lassen" konnte.

Traditionsbewusste Fleischer erzeugen heute mit historischen Geräten der beschriebenen Art eine rustikale Atmosphäre für rustikale Angebote. Sie fördern den „aktiven Verkauf", wenn die Würste dem Kunden „vor der Nase hängen".

Kirchenlatein und Hammerstiele

Im Jahre 1488 notierte der Geistliche des Wallfahrtsortes Büraberg bei Fritzlar gewissenhaft in lateinischer Sprache alle Spenden, die ihm fromme Pilger brachten, darunter auch Feldkieker, wie man „die stracken, dicksten Würste in Hessen mit einem Volksscherz" nannte. Er übersetzte Feld mit „campus", kieken auch gucken, kucken oder sehen mit „spicere". So wurde der Feldkieker für den gelehrten Mann zum „campispicium", zu einem „in die Felder Sehenden". Aus „Kirchenlatein" entstand „Küchenlatein", genau genommen „Wurstküchenlatein". Die Bezeichnung Feldkieker ist noch heute im Altkreis Hofgeismar üblich. In Immenhausen am Rande des Reinhardswaldes wurden Feldkieker im Sommer auf dem Rost des Kachelofens dunkel, luftig, kühl und trocken aufbewahrt. Das brachte ihnen den Namen Ofenkieker ein.

Hammerstiel oder *Hammerschdähl* hieß im alten Kassel die Stracke Rohwurst, wenn sie lange gereift, gut getrocknet und knüppelhart oder beinhart geworden war. Durch Länge und Festigkeit der Wurst fühlten sich die Kasseläner an den Stiel des Hammers erinnert und brachten das auch mit Mutterwitz zum Ausdruck.

Rezept

Gemüse mit Guten Würsten

Stracke im Grünen Kohl

Zutaten: *2 kg Grünkohl ohne Strünke, 100 g Schmalz, 1 große Zwiebel, ¼ l Brühe, 800 g Stracke (geräuchert), 100 g Bauchspeck (in kleinen Scheiben), Salz, Prise Zucker, Pfeffer, frisch gemahlen, Muskat.*

Zubereiten: Schmalz auslassen und gewürfelte Zwiebel darin andünsten. Grünkohl blanchieren, abtropfen lassen und gut mit dem Schmalz und den angedünsteten Zwiebeln mischen. Brühe zugießen. ½ h kochen, dann Bauch dazugeben und noch knapp 2 Stunden fertig garen, dann würzen und abschmecken.
Wurst abwaschen und etwa 15 Minuten im Grünkohl ziehen lassen.
Tipp: Zu Grünkohl kleine, runde Bratkartoffeln reichen.

Wisskrudd gebrore, gebratenes Weißkraut

Zutaten: *1 Kopf Weißkraut, 300 g Dürre Runde in Würfeln, 1 Ei, 2 El Weizenmehl, etwas Wasser, Salz, Pfeffer, Muskat, Schmalz zum Braten.*

Zubereiten: Kraut in kleine Stücke schneiden und Wurst in das Kraut geben. Mehl mit Ei verrühren und unter das Kraut geben, würzen. Masse mit wenig Wasser durchrühren.
Schmalz in einer Pfanne heiß werden lassen, Krautmasse dazugeben und unter Rühren kräftig braun werden lassen.

„Habermegger", die Alte aus Waldeck

Die haltbare „Mettwurst auf westfälische Art" wurde früher in der Waldecker Region im Winter bei der Hausschlachtung als lokale Besonderheit hergestellt. Der Name stammt aus der Mundart und wird – je nach lokalem Zungenschlag – von Ort zu Ort anders ausgesprochen und geschrieben.
Die Wurst wurde bis zur Ernte aufgehoben. Dann, so erklärt Karl Bauer 1902 im Waldeckischen Wörterbuch, gab man sie den Hafermähern mit aufs Feld. Getreide wurde damals noch mit der Sense gemäht. Das erforderte Geschick, Kraft und Ausdauer. Hunger machte es auch. Da diente die trockene Wurst als kraftspendende Nahrung. „Wie die Wurst, so die Mäher" wussten die Bauern, wenn die Wurstmalzeit im Weidenkorb aufs Feld gebracht wurde. Auf diese Weise bekam die Wurst ihren regionaltypischen Namen.

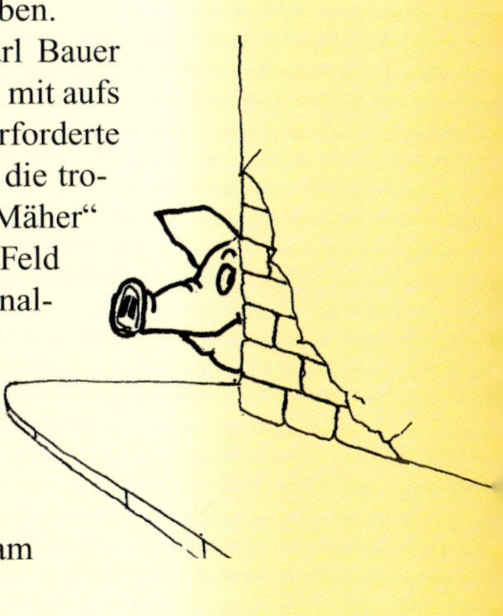

Nicht nur der Name ist eine Waldecker Besonderheit, auch die Wurst selbst. Sie verdankt ihre typische Eigenart und ihre Qualität wie alle „Guten Würste" der sorgfältigen Auswahl des Fleisches, der rustikalen Würzung und der langsamen Reifung. Das Fleisch stammte früher – und möglichst noch heute – von langsam

wüchsigen, bodenständigen Landrassen. Ihre typische Geschmacksnote erhalten *Habermegger* durch das Würzen mit weißen Senfkörnern. Beim Zerbeißen und langsamen Kauen entwickeln sie ein würziges Aroma.
Das raue, luftfeuchte Klima in dem waldreichen Bergland begünstigte schon immer die Reifung der Habermegger. Zusätzlich sicherten die Wände aus ungebranntem Lehm in den alten Fachwerkhäusern eine gleichbleibend hohe Luftfeuchtigkeit und eine gleichmäßige Temperatur.

Rezept

Habermegger delikat oder rustikal

Waldecker Südfrüchte mit Habermegger und Rote-Bete-Chips

__Zutaten__ für 4 Portionen: 500 g Steckrüben, 500 g Kartoffeln, 250 g Karotten, 200 g kleine Zwiebeln, 2 El Butterschmalz, 700 ml Fleischbrühe, 50 g Schmand, Salz, Pfeffer, Muskat, 12 Scheiben Habermegger (hauchdünn geschnitten), 8 Scheiben Rote Bete in feinen Streifen frittiert, 1 Bund Petersilie.
__Zutaten__ für 700 ml Fleischbrühe: 2 Lammhaxen, Lorbeerblätter, 4 Nelken, 1 El Wacholderbeeren, 1 Tl Pfefferkörner, 1 Stange Lauch, 1 l Wasser, ¼ Tl Salz.

Restaurant „Am Rathaus", Korbach, zu dem ein Bäckermeister im Jahre 1818 den Grundstein legte.

Zubereiten: Alle Zutaten der Fleischbrühe 30 Minuten kochen, feste Bestandteile absieben. Fleisch würfeln und als Einlage schneiden. Steckrüben waschen, dick schälen und in 1,5 cm große Würfel schneiden. Kartoffeln schälen und ebenfalls würfeln. Karotten putzen, schälen und in Scheiben schneiden. Zwiebeln pellen, halbieren oder vierteln. Butterschmalz erhitzen, Kartoffeln und Gemüse darin anschmoren, salzen, pfeffern und mit der vorbereiteten Fleischbrühe ablöschen. Den Eintopf etwa 30 Minuten kochen lassen, mit Muskat und Schmand abschmecken. Kurz vor Ende der Garzeit Habermegger und Lammfleisch zugeben. Petersilie waschen, trocken tupfen und fein hacken.
Anrichten: Petersilie kurz vor dem Servieren auf den Eintopf streuen, mit den frittierten Roten Beten garnieren.
Zubereitungszeit: 25 Minuten, Schwierigkeitsgrad einfach.
Tipp: Der Eintopf schmeckt besonders kräftig, wenn durchwachsener Räucherspeck kross angebraten und mitgekocht wird.
(Rezept von Sören Kaufmann und Uli Zabel, Hotel Goldflair „Am Rathaus", Korbach)

Rezept

Upländer Bauernpfanne

Zutaten: *500 g Habermegger- Aufschnitt (o. Ahle Worscht), 4 Scheiben Bauernbrot, 3 kleine Zwiebeln, 8 Eier, 2 El Milch, 50 g Schmalz, Pfeffer und Salz.*

Zubereiten: Bauernbrot zerbröseln, geschälte Zwiebeln würfeln, Wurst in Streifen schneiden. Schmalz in der Pfanne zerlassen und Brot, Zwiebeln, Wurst darin anbraten.
Eier mit Milch, Salz und Gewürz verquirlen und über die Zutaten in der Pfanne geben, etwa 8 Minuten stocken lassen.
Anrichten: mit frischen Salaten nach der Jahreszeit.

Das Jahr im niederhessischen Wurstkalender

„Stracke“ und „Schlacke“ oder „Dürre Runde“ müssen besondere Bedingungen erfüllen hinsichtlich Fleischqualität, Zutaten, Verarbeitung und Reifung, um als *Ahle Worscht* zu gelten. Sie können erst eine werden, wenn sie in natürlicher Reifung „das richtige Alter“ erreicht haben.
So war das Kalenderjahr in den Augen der hausschlachtenden Nordhessen auch ein Wurstjahr. An ihrer „Guten“ oder „Roten Wurst“ konnten sie das Kalenderjahr ablesen. Sie verspeisten ihre Würste „nach dem Jahreslauf“, in dem die frische Wurst zur Ahlen reifte. Das „Wurstjahr“ begann im Oktober mit der frischen Rohwurst. Sie kam bereits beim Schlachten als Bratwurst auf den Tisch, allerdings oft auch die letzte Ahle vom Vorjahr.
Schon nach wenigen Tagen kommt die Wurst „in die Reife“. Sie hängt in der *„Worschtekammer“,* trocknet langsam, wird fest, und die pökelrote Farbe „schlägt durch“. Das Aroma bekommt eine mildsaure Note. Aus der frischen Wurst im schmalen Schweinedarm ist eine „Dürre Rote“ geworden. Je nach ihrer Form heißt sie jetzt Dürre Runde, „Knüppel“ oder „Stracke“. Während der Erntezeit hatte früher „das letzte Stündlein“ für die meisten Stracken unter den Guten Würsten geschlagen, auch für die *Habermegger* der Waldecker und die *Hammerschdähle* in der Kasseler Region.
Dann beginnt die Qual der Wahl. Die Gute Wurst ist inzwischen zur *Ahlen Worscht* gereift, und in der *Worschtekammer* hängen noch drei Spezialitäten: die *Blummenhudd* in der Schmalzhaut, der Feldkieker in der Kalbsblase und die Schlacke. Eine von den dreien muss bis zur nächsten Hausschlachtung „überleben“. Dann beginnt das niederhessische Wurstjahr von neuem.
In der modernen Fleischerei haben Kühleinrichtungen und klimatisierte Anlagen den „niederhessischen Wurstkalender“ außer Kraft gesetzt. Inzwischen gibt es *Ahle Worscht* aller Art zu jeder Jahreszeit.

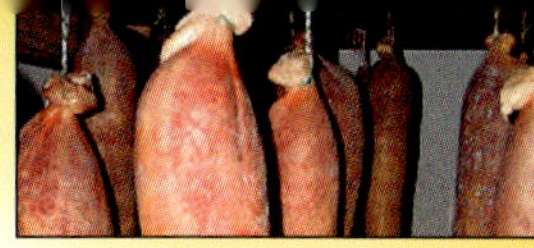

Die Ahle im Kriege

Trockene Wurst „parteiamtlich"

Krieg bedeutet immer Schrecken, Leid und Not. Das gilt besonders für den Zweiten Weltkrieg und seine Auswirkungen. Im nationalsozialistischen Deutschland wurde die Landwirtschaft zur „ersten Munitionsfabrik des Deutschen Reiches" erklärt, als die Bevölkerung noch nichts von Krieg ahnte. Die Herstellung von Lebensmitteln war Bestandteil der „Erzeugungsschlacht". Nach einer Verordnung vom 31. August 1935 durften „die Preise für Wurstsorten, die für die Volksernährung von besonderer Bedeutung sind, die Preise nicht überschreiten, die Ende März 1935 ortsüblich waren." Die teuerste Wurst in der amtlichen Preisliste des Hofgeismarer Landrats ist die Dürre Runde. 500 g kosten 1,40 Reichsmark.

Schon wenige Tage vor Kriegsbeginn wurde die Herstellung von Fleisch-Dauerwaren ganz verboten. Das galt auch für die in Nordhessen so beliebte Ahle Worscht, die parteiamtlich als „Trockene Wurst" bezeichnet wurde. Durch das Verbot wollte man die „Materialbindung über einen längeren Zeitraum" verhindern und der „Hamsterpsychose" der Bevölkerung entgegenwirken. Fleisch und Fleischwaren gab es nur noch „auf Marken" oder Bezugscheine in zugeteilter Menge.

Bauernwurst für Selbstversorger

Eine „Hausschlachtungsgenehmigung" erhielten „Selbstversorger mit Fleisch und Fett". Die Haltung der „Pensionsschweine" wurde verboten. Das selbst gemästete Schwein wurde amtlich gewogen und das Fleisch nach einem „Anrechnungsgewicht" zugeteilt. Selbstversorger durften aus „Gründen der Vorratshaltung" Dauerwurst für sich herstellen. Das Merkblatt II BG – 5900 schrieb vor, was dabei zu beachten war. Das Fleisch musste 12 bis 24 Stunden auskühlen, ehe es verwurstet werden durfte. Die Gewürze Pfeffer, Piment, Körnersenf, Majoran gab es nur auf Berechtigungsschein zu kaufen, pro Schwein 175 g, davon höchstens 75 g Pfeffer. Die Nordhessen hielten das für viel zu wenig. Pfeffer ist ihr Standardgewürz. Sie lieben es, wenn ihre *„ Ahle 'n bisschen päfferig is".* So begann der „Schleichhandel" mit Gewürzen schon, wenn das Schlachtschwein noch im Stalle stand.

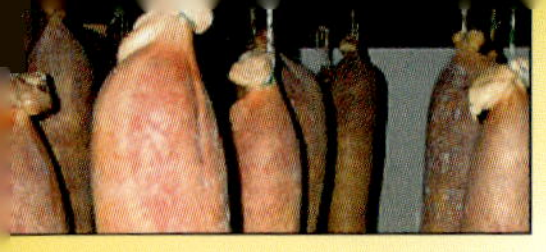

Damals gab es in Nordhessen zwei „Klassen“ von Menschen, auch auf dem Lande:

- Selbstversorger, die *Ahle Worscht,* Räucherspeck und Schinken besaßen, und
- „Käufer auf Marken“, die *Ahle Worscht* nur im – selbstverständlich verbotenen – Schwarzhandel oder Schleichhandel „ergattern“ konnten, wenn sie „was zum Tauschen“ bieten konnten.

Dieser als Gegensatz empfundene Unterschied in der Versorgung machte die Bauern auf lange Zeit höchst unbeliebt. Der *Ahlen Worscht* trug er damals für lange Zeit den Namen *Buurenworschd* ein.

Alte, aber keine echte Ahle

Nordhessen ist nicht nur die Heimat der *Ahlen Worscht.* Zu harten Würsten trocknen auch die „Kasseler Knoblauchwurst“ und die „Kasseler Rindswurst“, wenn sie lange genug hängen. Die nordhessischen Juden nannten sie (um 1925) im Jiddischen *Alde Worschd* oder *Alde Waschd.* Wegen ihres Gehaltes an Rindfleisch galten sie den Nordhessen nicht als echte *Ahle Worscht.*

Koscher-Stempel (1927)

Die dürre, runde Rindswurst wurde oft mit reichlich Knoblauch gewürzt. Den im Lande umherziehenden jüdischen Kleinhändlern, Hausierern und „Sonnenkrämern“ diente sie als wichtige Nahrungsgrundlage. Gestattet war ihnen der Genuss des Fleisches von Wiederkäuern mit gespaltenen Hufen, etwa von Rindfleisch. Die Tiere mussten nach rituellem Ritus geschächtet, das Fleisch „visitiert“ und für koscher erklärt worden sein.

Die Runde Rindswurst und die „Dürre Knoblauchwurst“ aus Kassel wurden in ganz Deutschland bekannt. Die Kunden schätzten die Qualität der Wurst, weil sie nur „Herzfett“ aber kein Mickerfett enthielt, wie das bei vielen anderen jüdischen Fleischereien üblich war.

Dieter Brosey, Landrat des Werra-Meißner-Kreises

„Ahle Worscht esse ich am liebsten am Stück und mit der Hand – ein Stück nordhessisches Bauernbrot passt hervorragend dazu. Die ‚Ahle‘ gehört einfach zur Geschichte und Kultur der Nordhessen. Sie ist genauso herzhaft wie der Menschenschlag und genauso verlässlich, weil sie gleichmäßig gut schmeckt.“

Ahle Worscht herzustellen ist eine Schweinearbeit

„Ein Schwein zum Küssen“ für Gute Wurst

Ganz besondere Sorgfalt haben Fleischer und Hausschlachter schon immer aufgewendet, wenn es um die Auswahl des Fleisches für die Herstellung der Guten Wurst, besonders der *Ahlen Worscht* ging. Ludwig Emil Grimm, der „Malerbruder“ in der Familie Grimm, lässt im 19. Jahrhundert einen Eschweger Bürger die Vorzüge seiner Heimat erklären: „Unsere Gegend ist eine der besten in ganz Kurhessen; wir haben eine himmlische Eichelmast. Schweine haben wir zu 800 Pfund und schön zum Küssen.“
Bereits aus der Renaissance wird berichtet, dass im Reinhardswald in guten Mastjahren 20000 Schweine und mehr „feist“ gemacht wurden. Die Hessische Renth-Cammer-Ordnung aus dem Jahre 1568 legte fest, dass die herrschaftlichen Schweine mit geschrotetem Korn, Hafer, Gerste, Bohnen, Wicken, Erbsen und „kerauß der Möln“ (Mehlstaub) und Kleie gemästet werden mussten. Bei dieser Fütterung lieferten die Hessischen Landschweine, ein robuster, sich langsam entwickelnder, spätreifer Schlag, ein festes, kräftiges Fleisch und kernigen Speck. Beides bot eine hervorragende Grundlage für die damals oft noch Bratwurst genannte „Gute Wurst“ der Nordhessen.
Heute bevorzugen Nordhessens Fleischer Schweine aus der Region, die mit betriebseigenem Futter lange und langsam schlachtreif gemästet wurden. Sie sollen am besten „übers Jahr gegangen“ sein und die *Kirmesmusigge (Kirmesmusik)* mindestens einmal, am besten zweimal, erlebt haben. 130 kg sollten sie wiegen, um in den Rang einer „Wurstsau“ eingestuft zu werden.

Die Abbildung aus dem Jahre 1902 zeigt, dass Schweine damals noch mit der stumpfen Seite eines Schlagbeils betäubt wurden.

21. Ein beinahe noch neuer, stark gearbeiteter Schweinestall steht auf Abbruch wegen Mangel an Raum billig zu verkaufen in Nr. 177 der Schloßstraße.

Wochenblatt für die Provinz Niederhessen, Cassel, 3. Juli 1830: Schweinestall in der Kasseler Schlossstraße.

Des Schweines Ende ist der Wurst Anfang

In früheren Zeiten wurde für den Eigenbedarf frühestens Mitte Oktober geschlachtet. „Der Anfang der Wurst ist das Ende des Schweins", lautete eine Weisheit der nordhessischen Hausschlachter. Sie schlachteten möglichst früh am Morgen, weil das Schwein „nachts geruht" hatte. Sie brachten das Tier möglichst stressfrei zur Schlachtbank. Jeder „Schweinsgalopp" wurde vermieden. Nur das Fleisch ausgeruhter Schweine besaß jenen Gehalt an Muskelzucker, der die Reifung der Wurst sichert und für gutes Gelingen erforderlich ist. Daher geben vorsichtige Fleischer der Wurstmasse schon immer etwas Zucker zu. Bakterien bauen ihn bei der Wurstreifung zu einer milden Säure ab.

Hausschlachtung in Kaufungen: Die Schweinehälften hängen am Krummholz, das über dem Kanthaken eingehängt ist. Jedes Bauernhaus besaß einen solchen fest in eine Wand im Hof eingemauerten Haken.

Kalt oder warm, das ist die Frage

Sie scheidet die Geister in Nordhessen und trennt die Liebhaber der *Ahlen Worscht* in zwei Lager. Die Verarbeitung von Warmfleisch fordern die einen, von körper- oder schlachtwarmem selbstverständlich. Nur so reife die echte Ahle langsam heran und entwickele ihr volles Aroma. „Frisches Fleisch braucht keine Würze", lautet eine alte Redensart unter Hausmetzgern noch heute. Offen bleibt allerdings die Frage, wie warm Fleisch noch sein muss, um als schlachtwarm

Hausschlachtung im Dezember 1966: Ein Familienereignis auch für die Kleinen.

zu gelten. Eigentlich geht es gar nicht um die Temperatur, sondern um den biochemischen Zustand des Fleisches kurz nach der Schlachtung. Mancher Verarbeiter noch richtig schlachtwarmen Fleisches hängt die Wurst unmittelbar nach dem Füllen über Nacht in einen kalten Raum, weil anhaltende Wärme schädliche Säurebildner oder Fäulniserreger fördert.
Andere meinen, schlachtfrisch solle das Fleisch auf jeden Fall sein des kräftigen Aromas wegen, aber nicht unbedingt schlachtwarm, sondern gerade ausgekühlt. Dann bleibe das Anschnittbild der Wurst „klar". Sie reife und trockne langsam und gleichmäßig von innen heraus, das Aroma entwickele sich weniger rustikal, bleibe delikater und feiner.
Bei der bäuerlichen Hausschlachtung, auf die sich viele heute berufen, wurden beide Verfahren angewendet. Welches, das hing oft mehr vom Zufall ab als von genauer Planung.
Übrigens: wenn wir schon beim Streit der Geister sind: Auch die Frage: „Mit Knoblauch oder ohne?" konnte schon bei der Hausschlachtung den Familienfrieden erheblich stören. Knoblauch als Wurstgewürz erfreute sich in einigen Dörfern Nordhessens großer Beliebtheit. Er wurde entweder mit Kochsalz zerrieben oder in Rum, Weinbrand oder „Fuhrmannschnaps" ausgelaugt. Seine Beliebtheit verdankte er nicht nur geschmacklichen Gründen, sondern auch volksmedizinischen und hygienischen Vorstellungen. Ihm wurden heilende und konservierende Kräfte zugeschrieben.

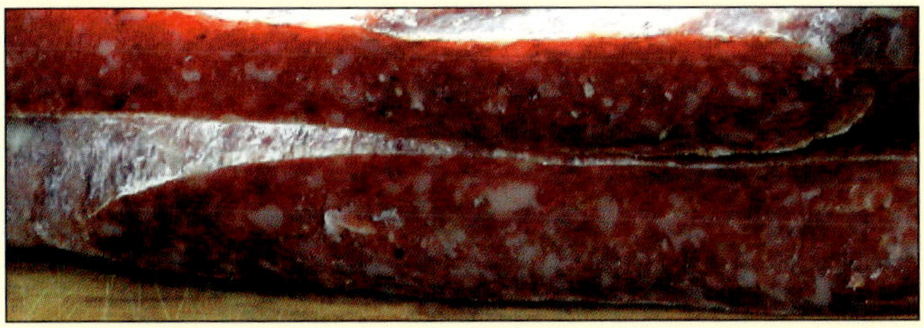

Dürre Runde als Ahle Worscht: oben schlachtfrisches, unten schlachtwarmes Material.

Gehacktes, Gewiegtes, Durchgedrehtes: alles für die Ahle

Um 1900 war Dr. W. Kley „Secretair der Handwerkskammer in Cassel" und verfasste einige Jahre später (1908) als Direktor der städtischen Gewerbe- und Handelsschule zu Harburg (Elbe) ein Fachbuch für Fleischer. Dort schrieb er aus seinen Kasseler Erfahrungen von den siebziger Jahren des 19. Jahrhunderts: Am Abend des Schlachttages „... saßen die männlichen Glieder der Familie am Schlachttisch, dessen Platte eine drei bis vier Zoll starke Eichenplatte bildete, ausgerüstet mit gewöhnlichen Wirtschaftsbeilen, um bis in die halbe Nacht hinein unter betäubendem Spektakel der niederfallenden Beile das Wurstfleisch zu zerkleinern."
Über eine niederhessische *Wörschtesoppe (= Würstesuppe)* erzählt einer, der als Junge helfen durfte: „Der Schlachtermeister gab uns genaue Anweisungen, u. a. sagte er: *‚Ver allen Dengen Takt on Rhythmus, und zwar nach*

den Worten: Wenn der Hund mit der Wurst über'n Eckstein springt.' Ab und zu sagten wir dann: ‚*Meister, mä glauwen, das Fleisch es kleine genug.'* Mit strenger Miene antwortete er dann: ‚*Pakket mo onger den Hackeklotz, ob häh schon worme äss.' (Wir glauben, das Fleisch ist klein genug. ... Greift mal unter den Hackklotz, ob er schon warm ist.)"*

Gegen Ende des 19. Jahrhunderts benutzten viele Gewerbebetriebe bereits einen Wiegeblock mit mehreren halbmondförmigen Wiegemessern zum Zerkleinern des Wurstfleisches.

Wiegemesser

Fleischwiegeapparat

Alexanderwerk-Fleischwiegeapparat mit Notbremse

Es wurde daher oft auch als Gewiegtes bezeichnet. Beim „Wiegen" mussten die Messer häufig abgestrichen und das Fleisch „umgeschlagen" werden, wenn es „klar" bleiben sollte. Diesen Anblick verlangte man auch vom Schnittbild der Ahlen. Der Wiegeapparat erlebte bei der Herstellung von Rohwurst vorübergehend eine neue Blüte, als er kurz nach 1900 einen elektrischen Antrieb erhielt.

Wurstmaschinen und Maschinenwürste

Im Jahre 1904 berichtete die „Hessische Volkskunde", dass jetzt meist eine „Wurstmaschine still und schnell" das Wurstfleisch zerkleinere. Die ersten dieser mit Muskelkraft betriebenen Maschinen bestanden aus einem Doppelgehäuse mit Querrippen, zwei ineinander greifenden Schraubenwalzen, die mit der Handkurbel bewegt wurden. In Schlitzen unter den Walzen lagen in der Höhe verstellbare Messer. Das Fleisch wurde durch einen Trichter zugeführt, gequetscht, durchgedreht und zerschnitten. Dieses Gerät wurde später zum Fleischwolf weiterentwickelt. Ende des 19. Jahrhunderts erhielt er „Otto's neuen Motor für Gas, Benzin, Petroleum". Seit 1896 wurden als „wichtige Neuheit" angepriesen: „Fleischschneidemaschine und Elektromotor, betriebsfertig zusammen montiert", Preis 515 bis 2100 Mark, Leistung: $^1/_3$ bis 4 Pferdestärken, pro Stunde 200 bis 400 kg Fleisch.
Noch heute sprechen die Nordhessen von Hackfleisch und Gehacktes, obwohl die alten Techniken längst in Vergessenheit geraten sind.
Weithin bekannt waren in der Mitte des 19. Jahrhunderts Eschweger „Maschinenwürste". Sie wurden nicht nur „vor Ort" verkauft, sondern auch „in bekannte Badeorte" versandt und schon um 1840 auf den Messen in Kassel, Frankfurt und Leipzig angeboten. Ihren Namen verdankte die Wurst dem ersten Einsatz einer mit Muskelkraft betriebenen Maschine. Sie konnte in einer Stunde bis zu 35 kg Fleisch zerkleinern.

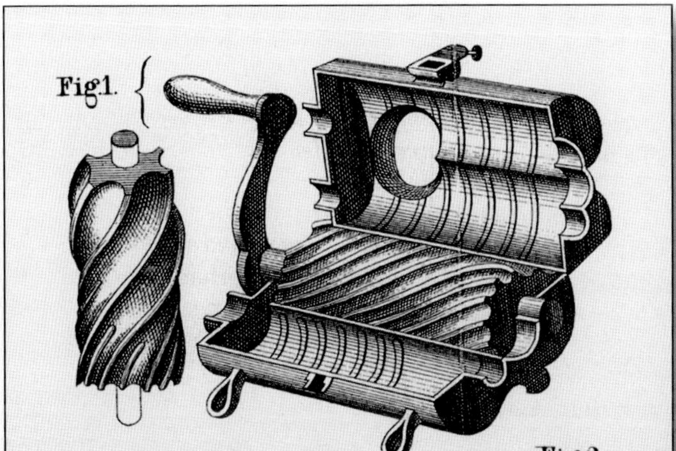

Fleischhackmaschine

Ein bisschen Wissenschaft vom Schwein

Als der Einzug von Wurstmaschinen in Nordhessens Fleischereien als technischer Wandel in das öffentliche Bewusstsein einzudringen begann, dichtete ein Kasseler Mundartschriftsteller 1917 in einer seltsamen Mischung aus Humor, Ironie und Bewunderung über: *„En bisschen Wissenschafd"* vom *„Schwinn"*...
(Ein bisschen Wissenschaft vom Schwein)

Es wird elekdrisch hokenreine.	Es wird elektrisch hakenrein.
Dann Hackebank, so dinn wie Brei.	Dann Hackfleisch, so dünn wie Brei.
Sogar de Knochen wären kleine	Sogar die Knochen werden klein
gehackd, dass nix mehr drahn ze knubbern,	gehackt, dass nichts mehr dran zu knuppern,
so died dä die Maschiene bubbern.	so pocht die Maschine.
So gehd's dann widder unnen nuss,	So geht's dann weiter unten raus,
un ludder Wärschde fliegen russ:	und lauter Würste fliegen raus:
Uss einen Loche Dirre Hunne,	Aus einem Loch „Dürre Hunde" (Dürre Runde)
gans knippelharde in 'ner Stunne....	Ganz knüppelhart in einer Stunde....
Un kimmd's mo vor, wenn schlechd geschmierd,	Und kommt mal vor, wenn schlecht geschmiert,
daß alles nidd so funtionierd,	dass alles nicht so funktioniert,
das loß dich wieder nidd krebieren.	Das lass' dich weiter nicht verdrießen.
Die Kerlen diehd das nidd schenieren.	Die Kerle geniert das nicht.
Dann an der Siede äs ne Falle.	Denn an der Seite ist ne Falle.
Do schmissen se die Wärschde alle	Da werfen sie die Würste alle
Glich mid en Schwubbdich widder nin,	sogleich mit einem Schwubbdich wieder rein,
un owen russ kimmd widder's Schwinn.	Und oben raus kommt wieder das Schwein.

Mit kräftigem Wurf in die Spritze

Die Wurstfüllmaschine nennt der Fleischer Spritze. Der „kräftige Wurf" der gemengten Wurstmasse in die Maschine ist notwendig, um die Bildung von Luftblasen in der Wurst zu vermeiden. Die gemengte Wurstmasse wird „in luftfreie Ballen geschlagen", ehe sie „mit kräftigem Wurf in die Spritze" gefüllt wird. Heute kann ein Vakuum-Füller das Brät entlüften.

Bei Hausschlachtungen wurde die frisch gefüllte Wurst früher mit einer dicken Nadel gestochen, damit Luftblasen entweichen konnten. Sonst hätte der Luftsauerstoff in der Wurst graue Stellen und frühe Ranzigkeit verursachen können.

Übrigens: Für den Fachmann ist selbstverständlich, dass alle Naturdärme sorgfältig geleert, gereinigt, wiederholt durchgespült und dann gewen-

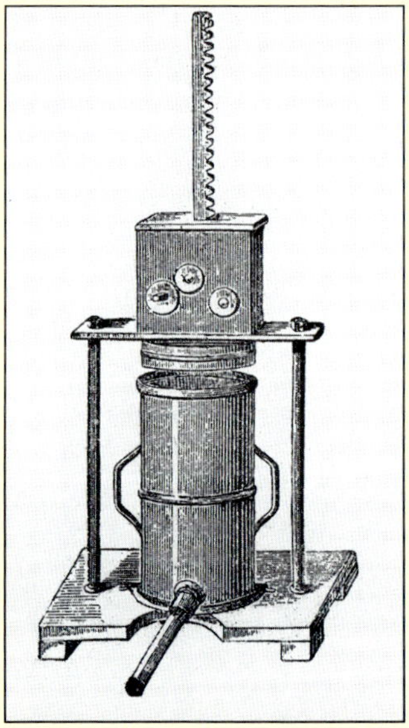

Wurstspritze (1898): Das Modell wird bei Hausschlachtungen noch heute eingesetzt.

det werden, ehe sie mit Wurstmasse gefüllt werden.
Selbstverständlich liefert auch die moderne Industrie brauchbare Wursthüllen aus natürlichen Rohstoffen wie Rinderspalthaut, Seide oder Zellulose.

Hausschlachtung 1949 in Niederkaufungen: Der Hausmetzger bringt das „Schlachtgeschirr" auf dem Handwagen an Ort und Stelle.

Zum Reifen aufgehängt

Gute Wurst muss reifen. Sonst bleibt sie gewürztes Hackfleisch in einer Wursthülle. Reifende Wurst muss hängen. Schwere Würste werden „über Kopf" gebunden. Nach dem ersten Knoten wird der Wurstzipfel noch einmal umgeschlagen und dann erneut verknotet.
Die Zipfel der Runden Würste verknotet der Fleischer „im Dreieck", der Hausmetzger meist *Zibbel* an *Zibbel.* Nach Hausmetzger-Art gebunden, berühren sich die Wurstzipfel und bleiben an der Kontaktstelle lange feucht.
Die Würste werden – so oder so gebunden – an ihrer Schleife zum Abtrocknen und Reifen aufgehängt. Keine darf die andere berühren.

Für Gute Wurst ein gutes Klima

Bei der nun einsetzenden Reifung hat der Wurstmacher in jeder einzelnen Wurst Milliarden unsichtbare Helfer. Fleischeigene Enzyme und Kleinstlebewesen als Mikroflora sind am Werk: ohne sie kein ausgereiftes Aroma, auch keine stabile Umrötung und keine Ahle Worscht.
Die unsichtbaren Helfer des Wurstmachers benötigen optimale Bedingungen. Ihre „Wohlfühltemperatur" liegt zwischen 15 °C und 18 °C. Wird ihnen zu warm, dann kann die Wurst einen „beißigen" Geschmack oder gar einen „Essigstich" bekommen. Bei niedriger Temperatur verfallen sie in eine „Art

Winterschlaf" und stellen die Arbeit ein. Die Wurst bekommt einen dunklen „Kälterand".
Auch eine anhaltend hohe Kernfeuchtigkeit wirkt sich negativ auf die Reifung aus. Die Wurst muss trocknen, aber nicht schnell, sondern langsam, und zwar bei hoher relativer Luftfeuchtigkeit. Das richtige Maß hat der Fleischer in den Fingerspitzen. Der Zipfel des Naturdarms muss noch lange feucht bleiben. Sonst ist die Luft zu trocken. Die Wursthülle schrumpft zu schnell. Darunter bildet sich ein harter, undurchlässiger „Trockenrand". Die Feuchtigkeit bleibt im Kern der Wurst. Die verdirbt.
Die Dauer der Reifung von *Ahler Worscht* hängt von der Sorte und vom Kaliber (Durchmesser) ab. Je dicker die Wurst, desto länger die Reifung.

Lange Zipfel für die „Fingerprobe" verhindern das Abrutschen der Schlaufe, an der die Ahle hängt.

„Naturklima" in der Reifekammer

Bei Hausschlachtungen im Winter sorgte das Wetter früher ganz von selber für Kühle. Die optimale Luftfeuchtigkeit bewirkten die alten Hausmetzger durch ein einfaches System von „Fenster auf, Fenster zu", auch durch das Aufstellen von flachen Wannen mit Wasser oder das Aufhängen von nassen Tüchern. Im Haushalt ging das Herdfeuer tagsüber nicht aus, und ständig war ein Kessel mit heißem Wasser am Dampfen. Wenn die Hausfrau „große Wäsche" hatte, zog der Schwaden aus der Waschküche im Keller bis unter das Dach. Die „atmenden" Lehmwände in den alten zentralheizungsfreien Fachwerkhäusern unterstützten die „Wurstreifung durch natürliche Klimasteuerung".
Noch heute reift Nordhessens Gute Wurst im „Naturverfahren" oder einem „naturnahen Verfahren". Viele Wursthersteller simulieren das „Naturklima" das ganze Jahr über in ihren Reifekammern. Noch heute stattet mancher Wursthersteller seine Reifekammern aus mit „atmenden Wänden" aus Lehm.

Die Wurstmacher von heute sind nicht mehr allein auf Augenmaß und Fingerspitzengefühl angewiesen. Geräte helfen ihnen: Thermometer und Thermostat, Hygrometer und Luftbefeuchter, sowie ein Ventilator für die schwache Luftumwälzung.

„Wurstehimmel" – so nennt ein Caldener Fleischer seine Wurstkammer.

Ahle Worscht auf einen Blick

Zutaten:
Schlachtfrisches Schweinefleisch von langsam gemästeten, ausgeruht geschlachteten Tieren, trocken, arm an Sehnen- und Fettgewebe, kerniger Rückenspeck ohne Schwarte.
Naturgewürz, möglichst frisch gemahlen, Pfeffer (auch z.T. geschrotet), Muskat, Kochsalz (zur Konservierung), Salpeter (für die Umrötung), Zucker (als Hilfsstoff für Säuerung, Umrötung und Reifung).
Je nach Geschmacksrichtung und Hausbrauch werden auch Senfkörner, Kümmel, Knoblauch, Piment oder Kardamom, Koriander sowie Weinbrand/Rum zugesetzt.

Wursthüllen:
Hygienisch einwandfrei, durchlässig für Feuchtigkeit und Rauch, schrumpffähig, haftfähig (nicht abtrocknend) aber schälbar.
Naturdarm oder Hüllen aus natürlichem Material wie Flomenhaut, Schweineschlacke, Kalbsblase, Kranzdarm (Dünndarm) von Rind oder Schwein, Mitteldarm (Rind) oder ein Kunstdarm in entsprechender Qualität.

Herstellung:
- Wursthüllen gründlich wässern, weichen und quellen lassen, wenn das nach Art der Hülle erforderlich ist.
- Material schlachtwarm oder schlachtfrisch verarbeiten.
- Fleisch in wolfgerechte Stücke schneiden.
- Gewürze, Zucker und Salpeter mischen und gut mit den wolfgerechten Stücken vermengen.
- Alles auf gewünschte, mittelgrobe Körnung „wolfen" („durch den Wolf drehen").
- Wurstmasse mengen, aber nicht schmalzig oder „bindig" reiben.
- Wenn nötig Wurstmasse gut kühlen, dann fest und luftfrei in Wursthüllen füllen.
- Frisch gefüllte Würste aufhängen und abtropfen lassen.

Reifung im Naturverfahren:

- Grundreifung im Dunkel mindestens 1 Monat bei gleitender relativer Feuchte von 95 % auf 80 % und zwischen 12° bis 18° C, dann
- Nachreifung. Ihre Dauer ist abhängig von Sorte, Kaliber und Qualität der Wurst.

Räuchern (je nach Geschmacksrichtung):

- in langsam ziehendem Kaltrauch aus Buchensägemehl bei 12 ° bis 15 ° C. Lufttrockene wird nicht geräuchert.

Qualität – So erkennen Sie ein gute Ahle:

Ahle Worscht ist den Nordhessen nicht einfach Wurst. Sie muss bestimmte Qualitätsanforderungen erfüllen:

- Konsistenz: kurz im „Biss", Festigkeit je nach Sorte: hart – fest – marzipanartig mürbe.
- Anschnitt: gleichmäßiges, klares Bild, Fettgewebe als solches erkennbar, mittlere Körnung.
- Farbe: kräftig, haltbar, pökelrot.
- Aroma: Lufttrockene: durch Naturverfahren ausgereifte Geschmacksnote, Würzaroma ausgeglichen. Rauchtrockene weist eine durch Kaltrauch aus Hartholzmehl verstärkte Geschmacksnote auf.
- Beide Sorten sind ungekühlt lagerfähig.

Ausgesuchte und geschulte Preisrichter der Deutschen Landwirtschaftsgesellschaft beurteilen Wurst nach einem Bewertungsschema mit Punkten. Fachleute unter sich benutzen ein eigenes Schema mit „A und A-, G und G- sowie F und F- Einheiten". Die G stehen für Geruch und Geschmack, die F für Farbe und Festigkeit, die A für Aussehen und Anschnitt. Nordhessens Genießer fassen alle Kategorien und Punkte in einem Satz zusammen: „Mäh schmägged se."

Aufbewahrung: Wohin mit der Ahlen?

Die Frage ist selbstverständlich nur dann berechtigt, wenn die Wurst nicht gleich dorthin gelangt, wo sie am besten aufgehoben ist, nämlich im Magen. Rohwurst darf weder frieren noch schwitzen. Daher gehört sie weder in den Kühlschrank noch in die warme Küche. In der Kälte bekommt sie einen dunklen Rand, der ihrem Aussehen schadet. In der Wärme „schwitzt" sie Fett aus und verliert an Haltbarkeit.

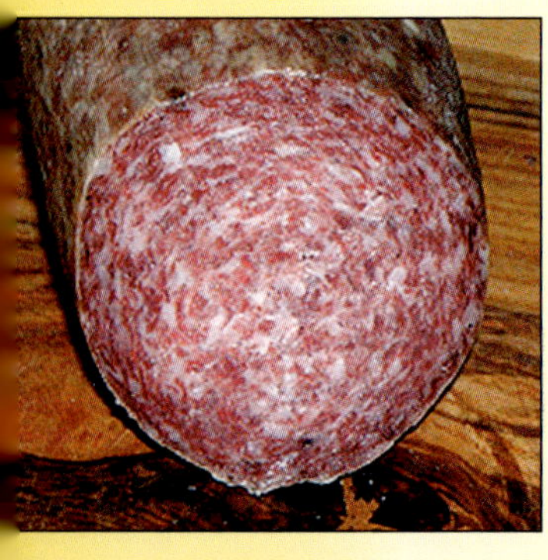

Auch hohe Luftfeuchtigkeit schadet. Die Wurst „läuft schmierig an" und kann verschimmeln. Außerdem: Hängen ist besser als Liegen.
Am besten hängt Ahle Worscht in einer kühlen Speisekammer bei einer Temperatur von 10 ° bis 14 ° C und einer relativen Luftfeuchtigkeit von 70 bis 78 %.
Übrigens: Wenn Ihre Familie aus vielen Wurstliebhabern besteht, dann sollten Sie die Empfehlung von Johann Coler in seinem „Haußbuch Oeconomia ruralis et domestica" aus dem Jahre 1604 befolgen. Er rät, Würste und Rauchfleisch täglich zu zählen, denn „es bekoempt off Federn und Fluegel und fleuget davon."

Rezept

Ahle Worscht in Püree und Gratin

Wurst-Käsegratin mit Gemüse und Kräutern

***Zutaten** für 4 Pers.: 200 g Ahle Worscht, je 50 g gekochtes Gemüse (Möhren, Sellerie, Steckrübe, Kohlrabi), 200 g gekochte Kartoffeln, Pfeffer, Muskat, 1 El gehackte Zwiebel, 1 El frisch gehackte Kräuter, 4 Scheiben Hartkäse, 100 g süße oder saure Sahne, 2 Eier, Butter zum Braten.*

Zubereiten: Kartoffeln und Gemüse in Scheiben oder Würfeln in einer Pfanne anbraten, Zwiebeln kurz mitbraten, dann Wurstscheiben in die Pfanne geben, kurz durchschwenken. Die Masse in eine feuerfeste Form geben.
Eier mit Sahne verquirlen, würzen, die frischen Kräuter zugeben und auf der Kartoffel/Gemüsemasse verteilen, mit Käse belegen und im Ofen bei 180 °C etwa 20 bis 25 Minuten backen.
(Rezept: Küchenmeister Nödler, Restaurant „Klosterkrug", Helmarshausen)
Anmerkung: Die „Überkrustung mit einer kulinarischen Oberschicht" weckt zusätzliche Aromastoffe in der „rustikalen regionaltypischen Unterschicht".

Kartoffelpüree mit Chicoree und Ahler Worscht

***Zutaten** für 4 Pers.: 400 g Kartoffeln, geschält, 4 weiße Sprossen der Belgischen Endivie (Chicoree), 1 El gehackte Zwiebeln, 1 Eigelb, Milch, Butter, Pfeffer, Muskat, 100 g gewürfelte Ahle Worscht.*

Zubereiten: Chicoree halbieren, nach Entfernen des Strunks in feine Streifen schneiden, in Butter anschwitzen und garen. Kartoffeln zerkleinern und garen, mit Milch und Butter zu einem Püree verarbeiten, würzen und mit dem Gemüse mischen.
Anrichten: Ahle Worscht kurz anbraten und über das Püree geben.
Anmerkung: Die „belgische Endivie" wurde 1846 in Brüssel zum ersten Male gezogen. Die Sprossen werden lichtdicht verhüllt, damit sich kein Blattgrün und damit auch möglichst wenig Bitterstoff entwickelt. Etwas Zitronensaft bei der Zubereitung mildert dessen Auswirkungen.
(Rezept: Küchenmeister Nödler, Restaurant „Klosterkrug", Helmarshausen)

Restaurant „Klosterkrug", Helmarshausen/Bad Karlshafen, 1984 in der Scheune des ehemaligen evangelischen Pfarrhauses errichtet.

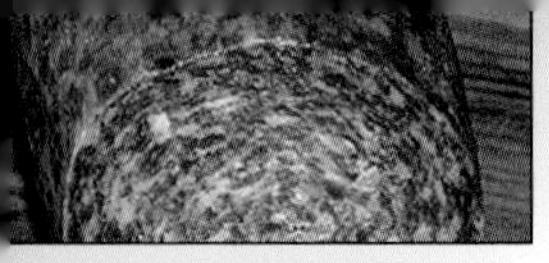

Ahle Worschtgeschichderchen

Geschichderchen und ihre Wahrheit

Geschichderchen sind die nordhessische Form der Anekdote. Sie erzählen meist witzig, pointiert, selten traurig von Kleinigkeiten des Alltags, auch von echten oder vermeintlichen Originalen. Ob sich wirklich zugetragen hat, was da erzählt wird, das weiß nach Jahren niemand mehr so genau. Aber es könnte so gewesen sein und wird als „gelebte Erinnerung" berichtet. Die *Geschichderchen* der Nordhessen geben wie die Anekdote Charakteristisches wieder aber weniger knapp, mehr breit und gelegentlich sogar ausschweifend.
Manche Geschichderchen sind Schnurren, lustige Erzählungen, witzig verpackt. Andere stellen im Grunde „Wanderanekdoten" dar, die in anderen Regionen mit anderen Worten, im Kern aber identisch erzählt werden. Die äußere Gestalt wechselt, der innere Gehalt bleibt.
Der Leser mag beim Lesen der *Worschdegeschichderchen* selbst entscheiden, ob das, was er gerade liest,

- die reine Wahrheit ist und nichts als die reine Wahrheit,
- der Fantasie fabulierender Nordhessen entsprungen ist, aber so gewesen sein könnte und Typisches in ein erfundenes *Geschichdchen* einkleidet,
- eine „Anekdote auf Wanderschaft" darstellt, die vor Ort nur regionaltypisch eingekleidet wurde.

Wem die niederhessische Mundart beim Lesen wie ein Fremdsprache vorkommt, dem sei das Lexikon der mundartlichen und fachlichen Begriffe auf Seite 70ff. empfohlen.

Mit dem Besen an die Würste

Wie das kam, das berichtete der Pfarrer Ferdinand Daniel Fenner aus seinen Jugendjahren im Pfarrhaus zu Hoof. Früher wurden die „Stracken" zum Räuchern in der Küche unter dem Rauchfang möglichst hoch im Schornstein aufgehängt, um eine drohende Brandgefahr und das mit der Erwärmung verbundene „Ausschwitzen" von Fett zu vermeiden. Den Rauch lieferte das offene Herdfeuer. Früher, das hieß für den Herrn Pfarrer „vor 1819". In diesem Jahr bekam das Pfarrhaus nämlich einen neuen „Sparherd", den ersten in einem Pfarrhause in der ganzen Gegend. Dessen Herdplatte bestand aus Eisen, und man konnte – man lese und staune – mit einem einzigen Feuer in vielen Töpfen zugleich kochen. Die „Kochmaschine" war ein richtiges Wunderwerk der damaligen Küchentechnik. Vorher besaß die Pfarrhausküche wie alle Küchen nur einen großen Stein mit einer ebenen Oberfläche als „Kochanstalt", vielleicht auch ein aus mehreren Steinen zusammengesetztes Mauerwerk. Auf dem brannte ein offenes Herdfeuer aus Holzscheiten. Aber lassen wir den Herrn Pfarrer selbst zu Worte kommen, wie es sich lebte in der Zeit ohne „Sparherd" oder „Kochmaschine". Wir zitieren ihn wörtlich:
„Über dem Herd war ... der sogenannte Rauchfang mit einem sehr weiten Schornstein. Denn man schien davon gar keinen Begriff zu haben, daß in einem so unförmlich weiten Raum der Rauch sich ausbreitet, aber nicht in die Höhe steigt. Daher war in einer solchen Küche meist ein unausstehlicher

Rauch, besonders wenn unter vielen Töpfen das Feuer brannte. Was ich hier von der Küche im Pfarrhause zu Hof berichte, das gilt von allen Küchen wie sie damals bekannt waren, wenigstens von den Küchen in allen Pfarrhäusern in weiter Umgegend. Die Küchen dienten darum auch allgemein zugleich als Rauchkammer für Würste, Speck und Schinken. Da zu Hof der Fußboden in der Küche weit tiefer lag als in den niedrigen Stuben, die Bühne aber in gleicher Höhe, so konnte man vom Fußboden der Küche nicht die in der Höhe hängenden Würste erreichen. Meine Mutter nahm deßhalb einen stumpf gewordenen Reisigbesen mit langem Stiel; steckte einen unter einem Kochtopf weggenommenen Feuerbrand mit dem noch nicht brennenden Ende zwischen die Reiser des Besens und brannte so mit dem brennenden Ende das Seil der oben in der Küche hängenden Wurst durch, welche dann herunter fiel. "
Frau Pfarrer muss „himmlischen Beistand" besessen haben, dass sie bei ihren Aktionen nicht das ganze Haus angesteckt hat.
Manche Bauern vermieden die Gefahr mit einer etwa 2 m langen „Speckgabel" aus Holz mit Haken, die dazu dienten, die Würste abzuhängen.
(Der Autor verdankt den Hinweis auf die „antiquierte Technik" des Wurstabhängens Herrn Pfarrer Vonjahr, der ihn in den Aufzeichnungen eines längst verstorbenen Amtskollegen gefunden und in Heft 4 der Schauenburger Geschichtsblätter veröffentlicht hat.)

Bühne
Brettergestell mit waagerechtem Abschluss, Zimmerdecke, Gestell über dem Herd im Rauchfang, an dem die „Hahle" mit den Töpfen hing, in noch größerer Höhe aber auch Würste, Speck und Schinken.

In der „fetten Küche", wie sie Pieter Brueghel d. Ä. (1525–1569) dargestellt hat, spielt Wurst eine bedeutende Rolle (auf dem Tisch gestapelt und im Rauchfang des Herdfeuers hängend).

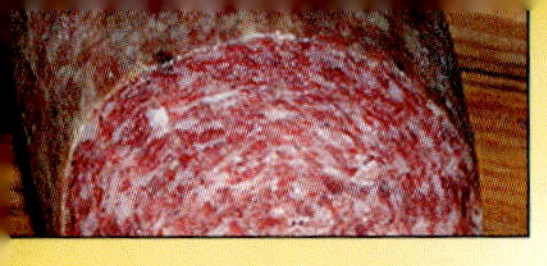

Das Männchen vom Witzenhäuser Rathaus

Am 31. Januar 1809 verursachte eine Eier suchende Magd eine gewaltige Feuersbrunst in Witzenhausen. Die entfachte einen starken Sturm. Brennende Würste und Speckseiten sollen bis Unterrieden geflogen sein. Das Feuer griff schnell um sich. Die Werra führte kaum Wasser und viele Männer, die hätten löschen können, waren im Kriege.
Kurios mutet uns der Bericht an, wie das Feuer durch den Turm in das altehrwürdige Rathaus gelangte. Die Uhr am Turm war mit einem Kunstwerk ausgestattet. Wenn sie die Zeit mit Glockenschlag angab, ging eine Tür auf, ein Männchen kam heraus, verbeugte sich, um die Mütze zu ziehen, und zwar so oft wie die Glocke schlug. Gerade als das Männlein seines Amtes waltete, flog eine brennende Wurst wie eine Fackel durch die Luft und hängte sich an seine Mütze. Die fing Feuer. So entzündete eine Wurst erst den Mann, dann den Turm und schließlich das Rathaus.

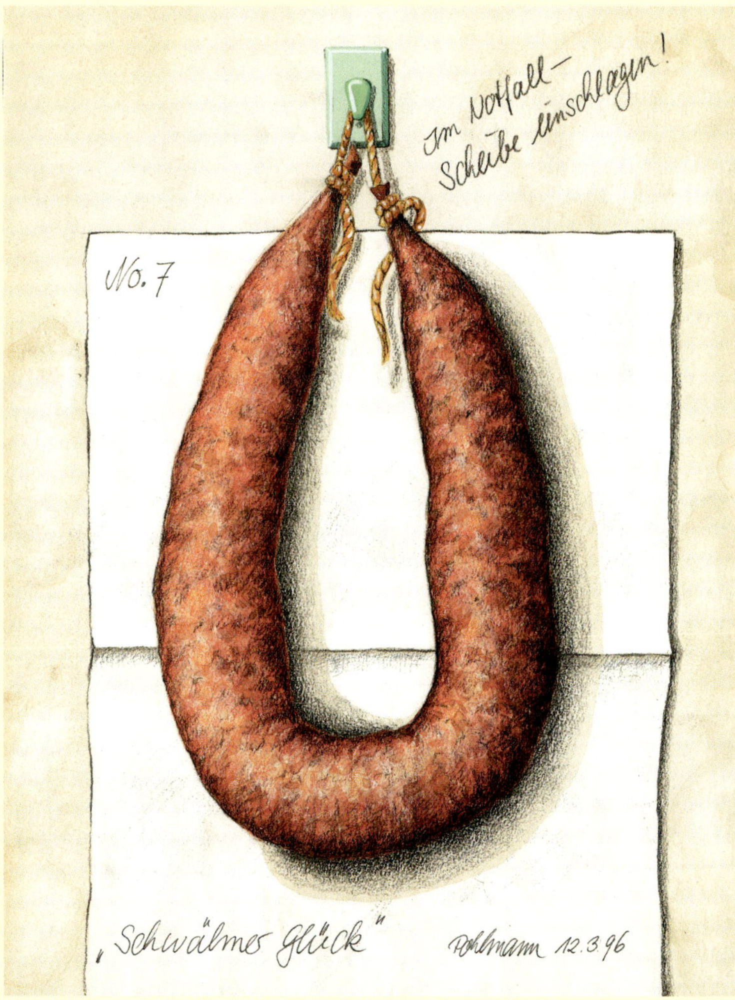

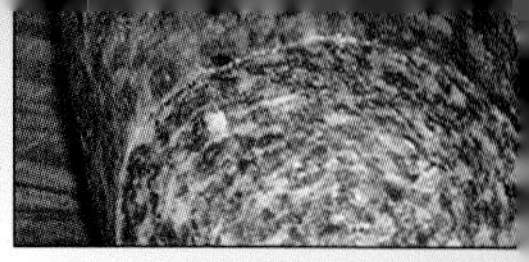

Sömmer und „Die ahle Wurschd“

Ein Gedicht in Kasseler Mundart, das Karl Sömmer zu Papier gebracht hat, trägt den Titel *„Die Ahle Wurschd“.* Es wurde nach dem Zweiten Weltkrieg wiederholt gedruckt und oft in geselliger Runde vorgetragen. Die Verse erzählen, wie sich zwei Kasseläner begegnen: der *Henner* und der *Schorsche.* In Kassel hießen früher fast alle Männer *Schorsche* oder *Henner.*
Ein Besucher meinte sogar im Jahre 1849, es gehöre zu den Wahrzeichen Kassels, dass hier alle Männer *Schorsche* heißen.
Ein solches „Wahrzeichen Kassels“ befand sich einst auf dem Wege nach Landwehrhagen:

„... do giwweds en guden Drobben vorn Durschd,
un au richdiche ahle Burenwurschd.“
„Do geh ich glichch midde“, schbrochch eifrig der Henner,
„so ahle Wurschd, das äß was vor Kenner.“

Die beiden machten sich gemeinsam auf den Weg und *„noh en baar Schdunnen“* hatten sie endlich auch das richtige *„Wirdshuß gefunnen.“* Sie aßen und tranken *„un merkeden bahle, die Wurschd, dass war noch so richdiche Ahle.“* Der Dichter war sicher ein Freund der *Ahlen Worscht,* denn er reimt:

„Do kamme gedrosd durch ganz Deidschland laufen,
die Wurschd giwweds nirgends wo anners ze kaufen.“

Die beiden beschließen, ne *Ahle Worscht* zu erwerben. Doch sie haben Pech:

„Nä“, schbroch do der Wird, „do honse kinn Glicke,
ich honn nämlich sälwer bloß noch so en Schdigge.
Dä könnd se in Kassel au billicher kaufen
un bruched nidd bis Landwehrhagen ze laufen,
ich krichche se“ – schbroch häh geheimnisvoll dann –
„uß der Königschdroße vom Ackermann.“

Ackermann hieß ein bekanntes Feinkostgeschäft im alten Kassel, und die echte *Ahle Burenworscht* von Landwehrhagen stammte aus Kassel.

Bertram Hilgen, Oberbürgermeister der Stadt Kassel

„Es gibt in meiner alten Heimat, der Rhön, fast alles – nur keine Ahle Worscht. Die habe ich nach meinem Umzug nach Kassel 1980 sehr schnell kennen und schätzen gelernt.
Sie ist mir eine Leib- und Magenspeise geworden. Zwei oder drei prächtige Exemplare hängen bei mir immer im Keller. Dabei bevorzuge ich keine spezielle Sorte. Es gibt so viele hervorragende Metzger, die so viele einzigartige Rezepte hervorbringen (und leider nie verraten!), dass es schade wäre, den herrlichen nordhessischen Wursthimmel nach nur einer abzusuchen.“

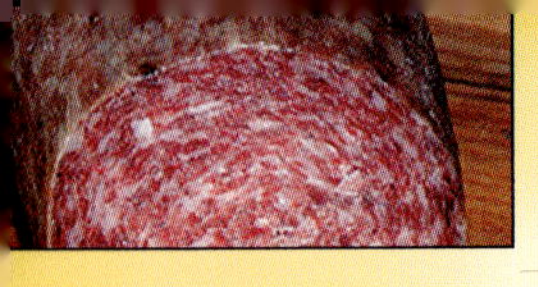

Ahle in der Seekiste?

Dem *Schorsche* und dem *Henner* sollte man nicht übel nehmen, dass sie wegen einer *Ahlen Worscht* bis Landwehrhagen wanderten, vielleicht durch ganz Deutschland, aber nur im Geiste. Nach Fulda „Zum Kurfürsten“ kam in den achtziger Jahren des 19. Jahrhunderts regelmäßig ein „Onkel aus Amerika“ zu Besuch in seine alte Heimat. Er hatte in den Vereinigten Staaten hart gearbeitet, eisern gespart und schließlich eine „Dollarprinzessin“ geheiratet. Nun besaß er mehrere Büros in New York, kutschierte mit weißen Rassepferden über den Broadway und spazierte von Zeit zu Zeit auf Besuch durch Fuldas stille Gassen. Wenn er wieder abreiste, nahm er jedes Mal „seetüchtige Kisten“ voller echter Fuldaer Dauerwaren mit, darunter auch Stracke. Und die Moral von der Geschichte? *Ahle Worscht* ist für Nordhessens Männer immer ein Grund, heimzukommen.

Pralinenschachtel mit Ahler

Das Fuldaer *Geschichdchen* vom „Onkel aus Amerika“ klingt wie ein Märchen aus uralten Zeiten. Sein Sinn gilt noch heute. Vor einigen Monaten erinnerte sich eine alte Eschwegerin – und die Zeitung berichtete im Juni 2005 über „Ahle Wurscht für Lisa“ –, dass ihre Schwester in Kanada Jahr für Jahr sehnsüchtig auf ein Wurstpaket aus der alten Heimat wartete. Der Weg war weit und die Hürde hoch. Denn von amtlicher Trichinen-Untersuchung des Fleisches in Deutschland wussten die kanadischen Zöllner nichts.

Beim letzten Neujahrsempfang staunte der Bundespräsident nicht schlecht, als sich eine Ahle Worscht als Botschafterin Nordhessens vorstellte.

Fazit der Zöllner: „*Ahle Worscht* ist eine rohe Wurst. Rohwurst ist rohes Fleisch. Daher: Einfuhr als Gefährdung der Gesundheit der kanadischen Bevölkerung verboten.“

Findige Frauen entdecken immer einen Weg. Die *Ahle Worscht* aus Nordhessen trat ihre Reise nach Kanada unbehelligt an – „verkleidet“ in einer Pralinenschachtel. So erreichte sie sicher ihr Ziel im Staate Alberta.

Nun mag man darüber nachdenken, ob das arglistige Täuschung der kanadischen Zöllner, Irreführung einer Behörde oder ein „harmloses Missverständnis“, eine Brücke zur alten Heimat und gestillte Sehnsucht war oder alles zugleich. Für die „kanadische Schwester“ sah das einfach aus. Die Ahle Worscht aus Nordhessen war „Marzipan vom Metzger“, eine Wurst, die „auf der Zunge zergeht“. Sie war auch ein Stück „Heimat in der Wursthülle“.

Gudensberger Maß: Zwei Halwe sinn zwei Ganze

Das bewies der Schemmel-Paul im Dezember 1944 seinem Nachbarn. Er selbst besaß ein *Kiwwekrämchen* und fütterte auch einige Schweine fett. Zwei schlachtete er als „Selbstversorger“ für sich, obwohl ihm nach den Berechnungen des Ernährungsamtes nur eins zustand. Wer „schwarz“ schlachtete, der wurde streng bestraft. Der amtliche Fleischbeschauer untersuchte das Fleisch und wog auch das Schlachtgewicht, damit alles seine „amtlich verordnete Richtigkeit“ hatte.

Der Schemmel-Paul nahm gerne „das große Messer“. Unter Metzgern bedeutete das: *„Häh hodd ne große Glabbe.“* Aber er hatte auch ein großes und gutes Herz. Am späten Abend kam der Nachbar, um sein *Debbedaad* abzuholen – eigentlich war schon finstere Nacht und das „Deputat“ auch kein Deputat, sondern ein Tausch auf Gegenseitigkeit: *Worscht wider Worscht.*

Der Nachbar erhielt zwei Liter *Werschdebrieh* in sein Milchkännchen, nur die *Koddsel Gehaggedes,* die war vergessen worden. Das Hackfleisch kochte schon in Weckgläsern im Einkoch-Apparat.

1947: Hausschlachtung in Kaufungen bei Georg Wollenhaupt: Das Schwein am Krummholz hängt am Kanthaken, der früher auf dem Dorfe an jedem Haus angebracht war. Schorsche Rohde als Hausschlachter löst die Flomen, ehe der wartende Fleischbeschauer Proben nehmen kann.

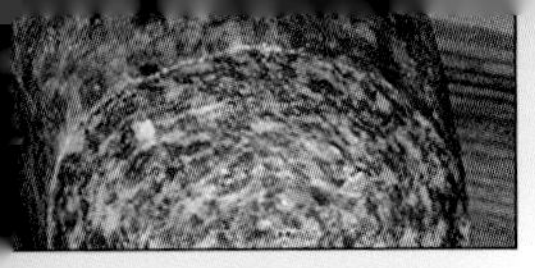

Der Paul, nicht faul, nimmt eine Portion vom durchgedrehten Wurstfleisch für die Ahle aus der Mulle und wickelt sie dem Nachbarn ein mit der Bemerkung: *„Kinne Angesd nidd, es wird nur 'n bisschen rod vom Salbeter."* Der Nachbar will ablehnen: *„Du hosd doch nix ze verschengen, des Gehaggde giwwed's biem Meddzjer doch nur off Margen."* Doch der Paul beruhigt ihn: *„Ein Schwinn is reggelär geschlachded. Das annere rennt mäh einfach so ins Messer ninn. Doh wor's dood. Nu kommen se alle beide in de Worschd ninn."* Der Nachbar bekommt es mit der Angst zu tun: *„Ohne Fleischbeschau? Wenn das annere nu den Drichienenworm hodd?"*
Doch der Paul hat auch das bedacht und schüttelt den Kopf: *„Beide sinn beschaud. Mäh honn zwei Schwinne värschrifdsmäßig derchgehagged. Fär den Fleischbeschauer homme von jedem Schwinne eine Hälfde hinnegehanken."*
So kam es, dass am Ende des Zweiten Weltkrieges in der Hintergasse zu Gudensberg aus zwei ganzen Schweinen zwei Halbe wurden. Schade, dass die Schweine das nicht mehr hören konnten. Vielleicht hätten sie verstanden, warum beide so gefüttert wurden, dass eins so groß und so schwer wurde wie das andere. Beide mussten sich am Schlachttage gleichen wie eineiige Zwillinge: innen, außen und auf der Waage. Sonst hätte der Schemmel-Paul für einige Zeit keine Ahle Worscht mehr gesehen, aber das Gefängnis. Als er die Geschichte am Stammtisch erzählte, da meinte er treuherzig: *„Die Amis hädden mich bahle russgeholld."* General Pattons Panzer waren schon unterwegs.

Der Grundsatz und Brauch „Wurst wider Wurst" ist alt. Bereits im Jahre 1540 heißt es im „Dictionarium" des Erasmus Alberus „würst umb wider würst". Die Nordhessen halten sich noch heute daran.

Friehschdiggen bie mäh, krosdelieren derheime

Ein Bauer – nennen wir ihn *Hennes* obwohl im Kirchenbuch Johannes stand – hatte für seinen Nachbarn eine Fuhre Holz aus dem Schlag Bocksgail in den „Langen Bergen" geholt, aus Gefälligkeit, aber auch als Hilfe auf Gegenseitigkeit. Zur guten Sitte gehörte, den gefälligen Nachbarn zum Frühstück einzuladen. Niederhessische Bescheidenheit verlangte aber auch, sich zunächst zu zieren und die Einladung abzulehnen. Doch wussten beide Nachbarn: Es gehört sich, die Einladung zu wiederholen. So geschah es.
Der *Hennes* behauptete: *„Näh, näh. Ich honn schon derheime gefriehschdigged."* Schließlich gab er scheinbar schweren Herzens nach: *„Dann well ich moh nidd so sinn. So'n beßchen krosdelieren, das pagge ich noch. Awwer, weiß Godd, ich honn schon derheime gefriehschdigged."* Gesagt getan. Im Nu stand eine Flasche „Korn" auf dem Tisch. Daneben lagen zwei Stracke und ein Laib Brot, selber gebacken. Der *Hennes* lässt sich nicht mehr nötigen und „haut zu". Ehe sich der Gastgeber noch recht umsehen kann, ist eine Stracke verschwunden. Nun kippt der *Hennes* noch zwei Schnäpse und geht, dreht sich

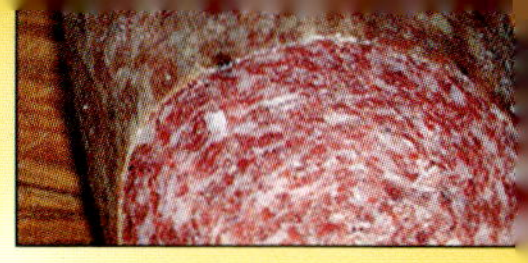

in der Tür um und spricht: *„Sudd au bedangged sinn, Nachber, bisses widder moh so bassd. Oche Ahle Worscht, die schmägged mäh.“ Nunnerschluggen* kann der Gastgeber eine kritische Anmerkung nicht. Er bemerkt trocken: *„Weißde Hennes, ich well däh moh woss schbrechen. Des näxde moh, doh friehschdiggesde bie mäh. Awwer Krosdelieren, dos diesde derheime.“*

Krosdelieren
Das Wort krosdelieren wurde aus dem Französischen in die Mundart übernommen. „Croustiller" bedeutet eigentlich „ein Krüstchen essen". Die Nordhessen meinten damit „genießen", und zwar Bissen für Bissen, in kleinen Portionen, „slow food" also, als es diesen Begriff noch gar nicht gab. Es kann aber auch Frühstücken oder Vespern bedeuten. In der Anekdote ist gemeint: Zur Gesellschaft ein Stückchen Brot, „eine Kruste" mitessen.

Gewiddersche Zibbel

Der *ahle Hans* war ein Gudensberger Original, allerdings auf seine ganz spezifische Art. Sein Grundsatz lautete: *„Minn Schnäbschen jeden Daach borje ich nur, wenn ich kinn Geld honn.“* Meist hatte er keins. Die Rente war karg, und seine Frau hielt ihn knapp. In Gudensbergs Gastwirtschaften konnte er sich eine Portion *Ahle Worscht* mit Bauernbrot nicht leisten, oder doch nur einmal im Jahr, nämlich am 27. Januar. Da erschien er schon am frühen Vormittag mit treuherziger Miene *„biem Goddlieb in d'r Wärdschafd“* und gratulierte zum Geburtstag. Den Tag vergaß er nie. In jungen Jahren hatte er in Kassel gedient, beim Militär selbstverständlich. Seitdem wusste er, wann Kaiser Wilhelm Geburtstag hatte. Nun wollte es der Zufall, dass der Gottlieb am gleichen Tag auf die Welt gekommen war, nur ein paar Jahre später.

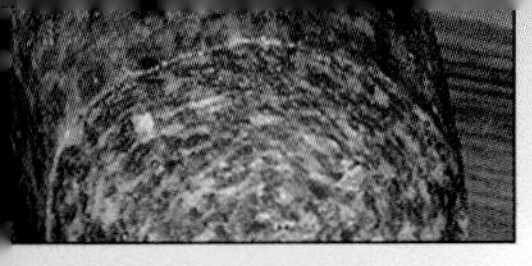

Am 27. Januar morgens um 10 Uhr bekam der alte Hans als Gratulant ein *Biesetzegläschen Schnabs* vorgesetzt und eine *Schdigge Ahle Worscht* mit Brot. Regelmäßig verzichtete er auf das *dreeje Brod: „Gebb mäh noch 'n Schnäbschen fär dos Geld"*, lautete sein Vorschlag. Nur: das *Gebordsdachsfriehstigge* kostete den Gratulanten nichts. Einmal saß er *buggernd* vor seinem Teller mit dem Derren Hund. Schließlich meinte er: *„Ne Reglamazjon Goddlieb, wos dinne Worscht bedriffd: Die hodd gewiddersche Zibbel. Die lichen so dichde bienanger!"* Mit anderen Worten: Das Stück Wurst war zu kurz.

Mä honn nix gemachd

D's Hänschen on d's Lisschen wohren Buhren, awwer kinne Kiwwebuhren. Säh hadden gähle Simmendaler Ossen, richdiche Dänsebiesder. Die zohren ähr Fuhrwärg noch uss'm Gnätsch, wenn d'r Lanz-Bulldog vom Nachber schon schdiggen blebb. D's Hännschen sorchde fär de Ossen. D's Lisschen fudderde 'n baar Schwinne. Drei schlachdeden se fär sich sellwer. Ähr Hussmetzjer machde de besde Ahle Worscht, die se sich nur värstellen kunnden. Nur eimoh: Doh wohr d'r Deiwel lose: Alle diggen Werschde grebierd, innen groh, weich on verschimmelde Resse drinne, niddmeh ze essen.
Doh bassdes so. Grade wohr en Medzjer derheime off Färien, der sesden schdudierde. Dähme honn se de verongliggede Worschd gezeichd. Där gogg, schnobberde on driggede de Worschd in den Fengern. Dann schbroch häh: „Eindeutig ein Trockenfehler." *Dann machde häh ne logische Kedde:* „Niedrige Luftfeuchtigkeit, schnell trocknender Rand, versperrte Kerntrocknung, Kernfäulnis bei verzögerter Nachtrocknung, Kernrisse mit starker Schimmelbildung." *„Näh, näh", gaaged d's Lisschen, „dos kann nidd sin. D'r Medzjer hodds verbogged. Inse Werschde hinken johruss johrin in derselwen Worschdekammer. Nie äs woss bassierd. Mäh honn nix anneres gemachd als sesden au." Sinnem Hänschen blisberd d's Lisschen ins Ohre, awwer so luude, dass des off 'm ganzen Hoowe hören kunndesd: „Häddesde dann dos gedoicht? So'n Schdudijum machd den gesunnen Menschenverschdand kabudd, raddzekahl kabudd."*
Wie d'r Schdudierde off heimen gehen well, schduddzd häh off eimoh: „Sie haben ihren alten Kachelofen aus der Wohnstube unter dem Scheunendach abgestellt. Haben Sie denn einen neuen gekauft?" *„Näh, näh", schbrichd d's Lisschen, „halwen Grohm machen mäh nidd. Mäh honn glich ne Zendralheizonge ins ganze Huss ninn gebaud, nur in de Worschdekammer nidd. Die äss wie immer."* „Und der Schornstein?" *„Näh, näh", andworded d's Lisschen, „d'r noche gehd nidd derch de Worschdekammer, blos an d'r Riggwand verbie."*
D's Lisschen wullde lange nidd glauwen, dass d'r Schornschdein vom Heizkessel im Keller de Resse in de Ahle Worscht gemachd hadde. „Mäh honn nix gemachd", verzählde's allen, on die wullen's schon gor nidd meh heeren.

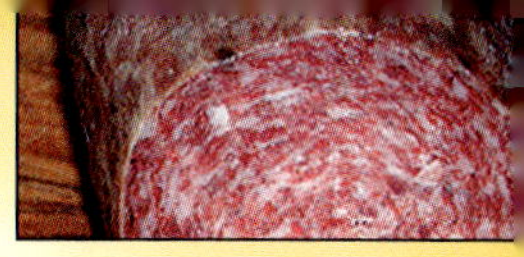

Wurstsuppe vom „Krawaller"

Eigentlich hieß er Johann Kregelius, wurde 1826 in Oelshausen geboren und eröffnete 1862 in Fürstenhagen ein Gasthaus. Er starb 1913. Sein Gasthaus schloss 1970. Durch sein lebhaftes Wesen, die Freude am Possenreißen und seinen polternden Humor wurde er in ganz Nordhessen bekannt als „Schalkswirt von Fürstenhagen.". Das alles machte ihn in Verbindung mit der volkstümlichen Umdeutung seines Namens vom Krakeeler zum „Krawaller". Diesen Namen übertrug er auch auf sein Wirtshaus. Schriftsteller wie Paul Heidelbach, Gustav Wentzell, Adolf Häger, Heinrich Ruppel und Johann Lewalter haben seine *Gasgenaden* und *Schmaguggen,* seine *Gauden* und *Schberenzerchen* aufgezeichnet. Gelegentlich ging es dabei auch um die Wurst. Der Krawaller schlachtete nämlich selbst für sich und seine Gäste. Die zwang er am Tage der „Wurstsuppe" auf eigenartige Weise in seine Gaststätte: Er stellte einen Leiterwagen quer über die Straße. Da musste sogar anhalten und einkehren, wer eigentlich nicht wollte.

Der „Krawaller" und die Eier des Schulmeisters

Einst fuhr ein Bauernsohn aus Jestädt zu seiner ersten Anstellung als Lehrer irgendwo „hinter Kassel". Die besorgte Mutter stattete ihn mit Hausrat, Kleidung und Wäsche aus, selbstverständlich auch mit „Mundvorrat" für die ersten Wochen: Speck, Harte Würste, Bauernbrot und Eier. Die hingen in einem mit Häcksel gepolsterten Henkelkorb an der „Langwiede" zwischen Vorder- und Hinterwagen des Pferdefuhrwerks. Der Vater kutschierte den Sohn.
Die beiden verspürten unterwegs Hunger und Durst, kehrten ein beim Krawaller, einem alten Bekannten aus des Vaters Militärzeit. Beim fröhlichen Umtrunk erfuhr der Krawaller den Zweck der Reise, gratulierte dem Herrn Schulmeister artig zur Anstellung und lud zu einer kräftigen Vesper ein. Nach kurzer Zeit stand eine mächtige Schüssel mit Rühreiern, Speck und Harter Wurst auf dem Tisch. Der herrliche Duft stieg allen verlockend in die Nase. Sie griffen zu, am meisten der Krawaller. Der letzte Bissen wurde mit Bier hinuntergespült. Dann brachen Vater und Sohn wieder auf. Spät am Abend kamen sie am „Amtsort" an. Sie wollten das Abendessen zubereiten. Doch: Der Eierkorb war leer, *Harde Worscht* und Speck verschwunden.
Der „freigiebige" Krawaller hatte sie mit ihrem eigenen Vorrat traktiert. Vater und Sohn sollen gelacht haben, der Krawaller noch lauter.

Rezept

Rührei mit Ahler Worscht (nach Krawaller Art)

Zutaten: *180 g Bauchspeck (in dünnen, kleinen Scheiben), 1 kleine Zwiebel (feingehackt), 200 g „Trockene Wurst" in kleinen Scheiben, 1 Prise schwarzer Pfeffer, 9 Eier, ½ Tasse Bier, 3 El gehackte Petersilie, ½ Tl Rosmarin.*

Zubereiten: Speck in großer Pfanne bei mittlerer Hitze hellbraun rösten und Grieben herausnehmen. Zwiebeln in dem Speckfett glasig werden lassen und die Grieben mit den Wurstscheiben dazugeben. Eier mit Bier, Pfeffer, Rosmarin und eventuell Salz verquirlen. In die Pfanne gießen, stocken lassen und dabei hin- und herschieben. Petersilie aufstreuen.
Beigabe: Bauernbrot und Bier
Tipp: Getrockneten Rosmarin 15 Minuten im Eierbecher in hellem Bier einweichen und mit der Flüssigkeit verwenden.

Stracke im Ochsenauge

Zutaten *pro Person: 2 Eier, 75 g luftgetrocknete Stracke, geschält und in dünne Scheiben geschnitten, Schmalz zum Anbraten.*

Zubereitung: Wurstscheiben auf der Pfanne in Schmalz anrösten, Eier darüber geben und zu Spiegeleiern anbraten.
Anrichten: mit Bratkartoffeln und Saurer Gurke

Rote Wurst rustikal

Das *Dorfgeschichdchen* ereignete sich kurz nach dem Zweiten Weltkrieg. Der Hans war Sohn eines weitsichtigen *„Schwengelschissers"* in einem kleinen niederhessischen Dorf. Der Vater erkannte schon damals, dass man sich bald nicht mehr würde ernähren können, wenn man nur vier „Milchhexen" und ein paar „Äckerchen Land" besaß. So schickte er den Sohn im Winter für drei Monate in das benachbarte Städtchen zu einem Fleischer. Der Hans sollte das Hausschlachten erlernen, als „Winterberuf" gewissermaßen.
An einem Spätnachmittag wurde er mit dem Fahrrad ins Nachbardorf geschickt, auf dem Gepäckträger einen Korb mit Roten Würsten und mit frischen Bratwürsten. Die sollte er bei zwei Bauern abliefern. „Große Bauern" droschen damals im Winter noch auf dem eigenen Hof. Der Hans lieferte die Bratwurst in der Küche des ersten Bauern ab. Dort saßen die Drescher gerade beim Vespern. Er wurde auf ein Schnäpschen eingeladen, trank zwei, schließlich drei, dann

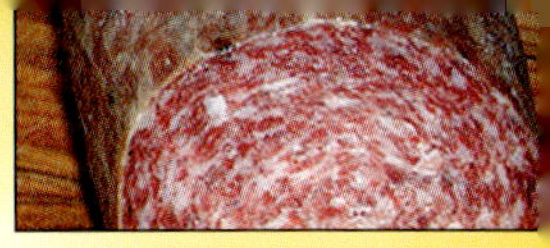

vier. Erschrocken erkannte er: „Inzwischen ist es draußen dunkel geworden.“ Er ergriff seinen Henkelkorb, dann die nächste Türklinke und rannte hinaus, aber in der verkehrten Richtung. So landete er mit Schwung auf dem finsteren Hof, stolperte und fiel, sein Korb voran. Beide vollzogen sie eine „weiche Landung“, nämlich auf dem in der Winterkälte dampfenden, aber noch ganz frischen Dunghaufen. Ein Griff in den Korb: Von vier Stracken fehlte eine. Hans fühlte mit ausgestrecktem Arm und flacher Hand nach links: „Weich.“ Er stieß einen hier nicht notierbaren „Fluch der Erkenntnis“ aus, tastete noch weiter nach links und erspürte wiederum Weiches, Butterweiches, griff dann nach rechts, da war sie, die verlorene Rote. Einpacken und Losrennen, zwei Handlungen in einem Augenblick.
Hans schob das Fahrrad zum nächsten Bauern und lieferte Korb und Inhalt ab, nicht ohne Entschuldigung für Verspätung und Aussehen. Er sei gestürzt, und das war nicht gelogen. Die misstrauische Bauersfrau roch an den Würsten, erst an einer, dann an allen. „Die eine“, meinte sie dann, „die riecht nach Kuhstall, Hans.“ Der antwortete, vom Alkohol beflügelt, schlagfertig wie noch nie und nie wieder in seinem Leben, aber auch mit dem Mut der Verzweiflung: *„Das äss 'ne Rindsworschd.“*
Das *Geschichdchen* klingt gut. Ob es auch wahr ist, das kann nur der Hans bestätigen. Aber der schämt sich noch heute. Vielleicht ist es eine Erfindung der Fleischergesellen, die über die bäuerliche Einfalt spotteten, in drei Monaten das Hausschlachten erlernen zu wollen. Vielleicht entstand es am *Worschdekessel,* während die Garwürste noch in der kochenden Brühe schwammen. Denn das Hausschlachten hat der Hans doch noch gelernt, und alle lobten ihn als ihren Hausmetzger: *„Häh kennd sich uss im Worschdekessel.“*

Ahle Worscht, ein „närrsches“ Symbol

Zum nordhessischen Karneval gehört die *Ahle Worscht.* Auch die „Große Karnevalsgesellschaft von Lohfelden“ kam nicht daran vorbei. Keiner kommt an der *Ahlen Worscht* vorbei, ohne das später zu bedauern. Der Große Narrenrat verleiht seit 1976 einen „närrischen Hessenschild“ und verbindet ihn mit einer *Ahlen Worscht* als Auszeichnung. Der „närrsche Orden“ – mundfaule Nordhessen verschlucken das „i“ in der Mitte des Wortes – kombiniert drei Wappen miteinander: den rot/golden gehaltenen Hessenlöwen, das Wappen der Großgemeinde Lohfelden sowie das Zeichen der „Lohfeldener Narren“, ein geschwungenes „L“ mit der Eule als Symbol der Weisheit.
Die Liste der Geehrten stellt eine bunte Mischung dar aus Wirtschaft und Politik, Sport und Kultur. Als erster erhielt der damalige hessische Innenminister Herbert Günther Preis und *Ahle Worscht,* deren Lob er überall „predigte“. Eines verbindet alle bisherigen Preisträger: Sie konnten eine Lohfeldener *Ahle* nach Hause tragen. Vielleicht

waren sie aber auch *„ganz närrsch"* auf *Ahle Worscht* und haben sie schon unterwegs gegessen. Ob die Geehrten alle wussten, dass sie mit einem uralten närrischen Symbol, einem essbaren sogar, ausgezeichnet wurden?
Es geht u. a. auf den so genannten Hanswurst zurück, einen wohlbeleibten Narren, der gutes Essen zu schätzen wusste. Ein „Entwurff von allerhand itzt lebender Narren" aus dem Anfang des 18. Jahrhunderts zeigt in mehreren aquarellierten Zeichnungen mit Würsten ausgestattete Narren in Karnevalskostümen, etwa den Winter, den Februarius und den „schwermenden Narr". Der den „Geschmack" darstellende Narr trägt eine „Stracke" am Kostüm. In den Mund steckt er eine Wurst im „Nachende". Das Bild zeigt deutlich: Zum närrischen „Geschmack" gehört auch die „Stracke", zum Karneval der vor Freude tanzende „Narr des Geschmacks" mit der Stracken und dem Nachende.
(Der Autor dankt dem 1. Vorsitzenden der Großen Karnevalsgesellschaft Lohfelden, Karl Heinz Faulstich, für seine Auskünfte über die Ordensverleihung.)

Wurst und Weinbrand

Das folgende *Geschichdchen* ereignete sich vor einem halben Menschenalter in der Wurstküche einer blitzsauberen Fleischerei einer kleinen hessischen Stadt, wo sich Chattengau und Schwalm berühren. Der Altgeselle, nennen wir ihn Walter, hatte gleich nach dem Zweiten Weltkrieg in Gudensberg *„biem Jerje"* gearbeitet und wusste von dort und damals allerlei *Geschichderchen* zu erzählen. Monat für Monat war er einmal pro Woche mit dem Fahrrad zur „Genossenschaft" nach Kassel gefahren, um im Wechsel einmal eine Kiste mit „steam lard", ein anderes Mal einen Jutesack mit Gefrierfleisch zu holen, hinter sich eine feuchte Spur, die in Oberzwehren bereits begann und in Gudensberg in der Wurstküche endete, hinter sich in jedem Dorf auch eine Schar bellender Bauernköter, die der feuchten, nach Fleisch duftenden Markierung folgten, um sie aufzulecken. Von damals hatte sich der inzwischen älter gewordene Geselle gemerkt, gewissermaßen als „ewige Fleischerweisheit": **„Für Gute Wurst nur gutes Fleisch."**
Ein Stolz des neuen Betriebes, dem er nun als Altgeselle diente, war die Schlackwurst, die für die Weihnachtsschmausereien in besonderer Qualität hergestellt wurde. Ein Grundsatz hieß: Arbeitsbeginn morgens um vier Uhr, wenn die Arbeitsräume noch „nachtkühl" sind. Der Chef betrat dann um sieben Uhr die Wurstküche, betrachtete die Mengmulden mit Wurstfleisch und ging. Nach fünf Minuten erschien er wieder, eine Flasche edlen Weinbrand in der Hand, einen von der Sorte, die man damals nur erhielt, wenn man mit der Wurst – nicht wie in der Redensart nach der Speckseite – wohl aber nach der Flasche Cognac warf. Er hinterließ den Auftrag: „Auf ein Kilogramm Wurstfleisch zwei Gläschen Weinbrand." Was dann geschah, darüber schweigt der Berichterstatter. Nur ging der Altgeselle drei Tage nicht zum gemeinsamen Mittagstisch „wegen der Fahne".

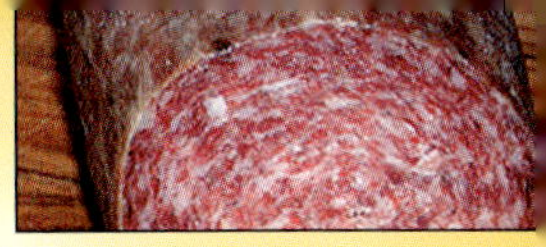

Die Ahle Schlacke und ihre drei Wahrheiten

Viele Fleischer würzen die Ahle in der Schlacke mit Weinbrand. Wenn sie feierlich angeschnitten wird, darf jeder probieren und „die innere Wahrheit der Wurst mit der Zunge erleben.“ So geschah es einst in einer nordhessischen Fleischerei, von der gerade berichtet wurde. Der Chef stellte fest: „Ein Schuss Weinbrand hebt den Wohlgeschmack der Wurst.“ Der Altgeselle stimmte zu und erinnerte sich im Stillen: „Der Weinbrand hat die Wurst nicht gesehen, höchstens den Hauch gerochen, als das Fleisch gemengt wurde.“ Die Kunden behaupteten: „Die Ahle Schlackwurst schmeckt immer, und zwar gut.“ So erlebte jeder seine persönliche Wahrheit in der *„Ahlen Schlacke“.*
Das *Gechichdchen* wurde hier so erzählt, wie es sich zugetragen hat, ohne Wenn und Aber. Aus ihm hätten chinesische Philosophen vor Zeiten sicher „die Lehre von den drei Wahrheiten“ abgeleitet. Griechische hätten wohl über „die Subjektivität der Sinneswahrnehmungen“ nachgedacht. „Recht hat immer der Kunde“, sagen die Verkaufspsychologen heute.
Übrigens: Das Geschichdchen kann als Beispiel für das Denken der Niederhessen dienen. Seinerzeit gab es in Gudensberg zwei Fleischer, die beide mit Vornamen Georg hießen. So stand es auch geschrieben an ihren Fleischereien. Doch keiner hätte sie Georg genannt, noch nicht einmal der Briefträger. Den einen Georg riefen alle *Schorsche*, den anderen *Jerje.* Mit den Namen ist es in Nordhessen wie mit der *Ahlen Worscht:* Das Gleiche ist nicht dasselbe.

„Alte Wurst“ in aller Munde

Von der Hand in den Mund

Allen Unterschieden zum Trotz sind sich die Wurstliebhaber in Nord- und in Südhessen in einem Punkt einig: Beide bevorzugen traditionell den Wurstgenuss vom Stück und *„uss d'r Fussde“* (aus der Faust). Sie halten das für ein kulinar-demokratisches Prinzip. Jeder kann selbst entscheiden, wann er in das Brot und wann in die Wurst beißen, auch wie viel er jeweils davon abbeißen will.

Eine besondere Verzehrtechnik haben Nordhessens Kinder entwickelt. Sie verzehren ihr Wurstbrot nach dem Prinzip der *Schieweworscht* (= Schiebewurst). Dabei schieben sie den Wurstbelag mit der Nasenspitze zurück, atmen dessen Duft tief ein und beißen Brot ab. Zum Schluss bleibt ihnen mehr Wurst als Brot. Diese in Notzeiten und Hungerjahren entwickelte Technik findet ihre Krönung in dem ironisch gemeinten Satz: „In der größten Not schmeckt die Wurst auch ohne Brot.“

Die Nordhessen *krosdelieren* (= genießen) ihre Ahle am liebsten mit *dreejem Buurenbrod* (Trockenem Bauernbrot). Wer nach Butter fragt, der darf sich nicht wundern, wenn er mit einer derben Gegenfrage bedient wird: *„Wer schmährd schon 'ner fedden Sau den Hinnern?“* (= Wer schmiert schon einem fetten Schwein das Hinterteil?)

Im Bild vertreten „Stracke“, dick und dünn, sowie Dürre Runde die Vielfalt von Nordhessens Roten Würsten.

Worscht zum Kuchen, der keiner ist

In Nordhessen zählen Speckkuchen, Lohkuchen, Grüner Kuchen und – neuerdings – die „Pizza auf kurhessische Art“ zu den „Kuchen“. Den Fremden mag schon der Name „Kuchen“ verwirren. Mit ihm haben die rustikalen nordhessischen Varianten mit Natursauerteig nur die Form gemeinsam: flach ausgerollt auf einem Kuchenblech. Auf dem rohen Teig wird ein Belag aus Schmand und weiteren Zutaten verteilt. Je nach Geschmacksrichtung überwiegen frische Kräuter oder Scheiben von Guter Wurst und Speck.
Tipp: Den Natursauerteig sollte man beim Bäcker kaufen.

Rezept

Reibekuchen mit Guter Wurst

Zutaten: *½ kg Kartoffeln (geschält, gewaschen, geraspelt), 2 Eier, 1 Tl Salz, 4 El Mehl, 4 El Schmalz, 2 El Schmand, 200 g Stracke in Scheiben; für die Garnitur dicker Schmand, Schnittlauchröllchen.*

Zubereiten: Kartoffeln mit Salz, Schmand, Eiern und Mehl gut verrühren. Schmalz in der Pfanne erhitzen und Reibekuchen in mehreren Durchgängen bei Mittelhitze goldbraun braten. Wurstscheiben auf der Pfanne heiß werden lassen.
Anrichten: Reibekuchen auf vorgewärmten Tellern anrichten, auf jeden Fladen angebratene Wurstscheiben sowie 2 Tl Schmand aufsetzen und mit Röllchen vom Schnittlauch bestreuen.

„Haus Koch“, Calden, seit April 1877 Landgasthaus und Landfleischerei.

Rezept

Kurhessisches Bauernomelett

Zutaten: *½ kg Salatkartoffeln, 4 Schalotten, 80 g Bauchspeck, 30 g Schmalz.*
Belag: *5 Eier, 5 El Milch, Pfeffer, Muskat, Salz, 150 g Ahle Worscht, 2 El Schnittlauchringe.*

Zubereiten: Pellkartoffeln kochen und in Scheiben schneiden. Schalotten und Bauchspeck würfeln und in Schmalz dünsten. Kartoffelscheiben zugeben und braun braten.
Eier, Milch, Gewürze verquirlen und gewürfelte Wurst mit dem Schnittlauch hinzurühren. Masse über die Kartoffeln gießen und in rund 10 Minuten auf der Pfanne stocken lassen.
Beilagen: Schmandlattich oder Tomatensalat.

Lauchtorte (Schbannschlauchdorde, Torte mit „Spanisch Lauch")

Zutaten: *Knetteig aus 150 g Mehl, einem Eigelb, 2 El Wasser, Salz, 75 g Butter.*
Belag *aus 150 g Ahler Worscht, gewürfelt, 600 g weißen Lauchringen, 2 El Butter, 1 Schuss herben Weißwein.*
Guss *aus: 1 Becher Schmand, 3 Eier, 75 g geriebenem Hartkäse, Pfeffer, Muskat, Salz.*

Zubereiten: Knetteig herstellen und einige Zeit kühl stellen. In eine gefettete Form drücken.
Lauch und Wurst in Butter dünsten. Wein zugießen. Belag nach dem Auskühlen auf dem Teig verteilen.
Zutaten für den Guss verquirlen und über dem Belag ausstreichen. Torte etwa 35 Minuten bei 220 °C backen.

Lauchblatzen mit Ahler Worscht

Zutaten: *250 ml Milch, 500 g Mehl, 30 g Hefe, 75 g Butter, 5 Eier, 1kg Lauch, 250 g Ahle Worscht (leicht geräuchert), 500 ml Schmand, Salz, eventuell etwas Kümmel.*

Zubereiten: Mehl in eine Schüssel geben und Mulde in die Mitte drücken, Hefe hineinbröckeln und mit etwas lauwarmer Milch verrühren. Teig unter einem Tuch etwa 20 Minuten gehen lassen. Dann restliche Milch, ein Ei und Butter hinzugeben und verkneten, bis sich der Teig von der Schüssel löst. Teig abdecken und 15 Minuten gehen lassen. Dann auf der bemehlten Arbeitsfläche zu gewünschter Größe ausrollen, auf eine gebutterte Form geben und an den Rändern hochdrücken.
Lauch putzen, in Ringe schneiden. Wurst würfeln und mit Lauch, Schmand und vier Eiern verrühren, mit Salz abschmecken. (Eventuell 1 Tl Kümmel zugeben.)

Masse auf den Teig geben und noch 15–20 Minuten gehen lassen. Den Blatzen in den auf 200° C vorgeheizten Ofen geben und etwa 40 Minuten backen.

Anrichten: Mit trockenem Weißwein servieren.

Anmerkung: Der in Dörfern südwestlich Kassels verwendete Ausdruck „Platz“, „Platzen“ oder „Blatzen“ geht auf das lateinische Wort „placentum“ zurück und bedeutet Flachkuchen. Auch auf der Herdplatte ohne Fett gebackene Reibekuchen werden oft als „Blatzen“ bezeichnet.

Speckkuchen, halb und halb

***Zutaten:** 500 g Brotteig, 125 g Speck, 125 g Gute Wurst, ¼ l Milch, 3 El Gries, 3 Eier, ¾ l Schmand, 100 g Schlotten, Krumen, Salz.*

Zubereiten: Gries mit gesalzener Milch zu einem dicken Brei kochen. Eier schlagen und mit dem Schmand verrühren, Schlottenringe unterziehen.

Masse auf dem Teig ausstreichen. Speck und Wurst in Scheiben schneiden, dann in Würfel. Die werden in Krumen gewälzt, dann gleichmäßig auf dem Belag verteilt und etwas angedrückt. Kuchen bei 220 °C backen.

Anrichten: Das Hessische Kochbuch von 1840 empfiehlt: „Je wärmer und frischer der Kuchen gegessen wird, desto besser ist er.“ Er kann das Mittagessen ersetzen. Dann wurde er zu einem *„Käbbchen Kaffe“* verspeist. Die ältere Generation *„kippede“* gern einen *„Korzen“* dazu. Der entsprach einem *„Biesetzegläschen“* Fuhrmannsschnaps und sollte die Verdauung fördern. Das Gläschen mit Schnaps wurde „dabei gesetzt“, wenn das Essen aufgetischt wurde.

Worschdepannkuchen

***Zutaten:** 6 Eier, ¼ l Milch, ¼ l Mineralwasser, Salz, Pfeffer aus der Mühle, ¼ kg Mehl, 100 g mageren Speck und 150 g geräucherte Ahle Worscht, jeweils gewürfelt, 2 Schalotten in Ringen, 6 El Schmalz.*

Zubereiten: Eier, Milch, Wasser, Gewürz verquirlen und Mehl nach und nach dazurühren. Teig zum Ausquellen 60 Minuten kühl stellen.

Speck und Wurst knusprig anbraten und Schalottenringe in dem Fett glasig dünsten.

Schmalz in einer Pfanne zerlassen, etwas Speck, Wurst und einige Schalottenwürfel auf die Pfanne geben und mit Teig abdecken. Pfannkuchen wenden, wenn er gar ist, und auf der anderen Seite goldbraun backen. Pfannkuchen falten und warm halten.

Vorgang wiederholen, so lange das Material ausreicht.

Worscht untergekocht: alles in einem Topf

Für die Nordhessen heißt ein Eintopf-Gericht in ihrer Mundart *Onnergekochdes.* Alle Zutaten kommen in einen Topf, werden „untereinander" gemischt und so gekocht. Früher galt die Forderung: *„D'r Leffel muss drinne stiggen bliewen."* Ein solches Gericht nennt der Nordhesse auch *„Schdambes".* Das Wort erinnert an einen ländlichen Brauch: Alle Zutaten wurden, wenn sie gar waren, zu einem Brei gestampft. Der Esser konnte nicht mehr erkennen, was alles in einem Topf „untergekocht" worden war.
Heute werden Eintopf-Suppen oft „à la Creme" serviert, als sämiges, geschmeidiges „Süppchen".

Rezept

Ahle Worscht onnergekochd: Eintopf

Bohnensuppe auf der „Guten Stracken"

Zutaten: *400 g weiße Bohnen (über Nacht in Wasser eingeweicht), 200 g magerer Speck, Suppengemüse, 2 mittelgroße Zwiebeln, 200 g Kartoffeln, Tomatenmark, 2 Fleischtomaten, Bohnenkraut, Majoran, Salz, ⅛ l Schmand, 125 g Gute Wurst (angeräuchert).*

Zubereiten: Kartoffeln schälen, würfeln, Suppengrün putzen und klein hacken. Suppengemüse putzen und zerkleinern. Speck und Zwiebeln würfeln.
Speckwürfel mäßig anbraten und Gemüse darin dünsten. Bohnen mit etwas Flüssigkeit zugeben. Nach einer Minute Tomatenmark, Bohnenkraut, Majoran mit dem restlichen Einweichwasser hinzufügen. Etwa 60 Minuten „köcheln" lassen.
Tomaten schälen und würfeln. Wurst pellen, in Würfel schneiden und mit den Tomaten in die Suppe geben. Zum Schluss Schmand einrühren und Eintopf abschmecken.

Quer derch den Gaarden

Zutaten: *200 g Gute Wurst, 1,5 l Fleischbrühe, 200 g Kartoffeln, je 100 g Lauch, Karotten, Sellerie, frische grüne Bohnen, ½ Kohlrabi, ¼ Blumenkohl, 1 El Tomatenmark, 150 g Kidney-Bohnen, 1 kleine Zwiebel, Bohnenkraut, Kerbel, 50 g Schmalz, 100 g gewürfelten Bauchspeck, Pfeffer, Salz.*

Zubereiten: Kidney-Bohnen über Nacht einweichen, Wasser abgießen, abgespülte Bohnen mit Bohnenkraut garen und abgießen. Gemüse putzen, Kartoffeln schälen, alles würfeln, grüne Bohnen brechen.

Bauchspeck in Schmalz glasig werden lassen, gewürfelte Zwiebel zugeben und dünsten, dann Gemüse darin andünsten. Kartoffeln zugeben, mit Brühe auffüllen.
Kidney-Bohnen zugeben und Eintopf etwa 18 Minuten köcheln lassen. Mit Tomatenmark, Salz und Pfeffer abschmecken. Wurst schälen, würfeln, in die Suppe rühren.

Ahle Worscht in Suppe und Süppchen

Schaumsüppchen von Pastinaken mit Ahler Worscht

Zutaten: *50 g Butter, 1 gewürfelte Schalotte, 250 g Pastinaken (geschält und gewürfelt), 1 kleine Karotte in Scheibchen, ½ l Hühnerbrühe, ½ l flüssige Sahne, 2 gehäufte Esslöffel steif geschlagene Sahne, Kochsalz, weißer Pfeffer, Muskat, Schnittlauch, Ahle Worscht, (geschält und gewürfelt).*

Zubereiten: Schalotte, Karotte und Pastinaken in Butter anschwitzen. Brühe zugießen und alles 8 Minuten „köcheln", anschließend mit der Sahne aufkochen lassen. Alles pürieren und zwei Minuten einkochen lassen, abschmecken. Suppe aufschäumen.
Anrichten: Gewürfelte Wurst in die vorgewärmte Suppentasse geben, Suppe zügig auffüllen, Schlagsahne aufmontieren, mit wenig Schnittlauch garnieren und sofort servieren.
Anmerkung: Die Diminutivform soll den lockeren, leichten Charakter der Suppe betonen. Von den Pastinaken meinte der Frankfurter Stadtphysikus Lonicerus (1528–1586): Sie machen *„gut geblüt und lustige begierd."*

Rezept

Hessische Kartoffelsuppe, kremig

Zutaten: *750 g Kartoffeln, Suppengrün, 1 El Butter, 1 ½ l Fleischbrühe, Salz, Pfeffer, 1 Becher Schmand, 150 g Ahle Worscht (schwach geräuchert), Petersilie.*

Zubereiten: Kartoffeln schälen und stückeln, Suppengrün waschen, putzen, grob zerkleinern. Fett im Suppentopf erhitzen und Kartoffeln mit dem Suppengrün andünsten. Brühe zugießen und alles 25 Minuten köcheln lassen, pürieren und durch ein Sieb streichen, Schmand unterziehen. Suppe mit Salz und Pfeffer abschmecken. Wurst würfeln. Gewaschene Petersilie fein hacken.
Wurst in vorgewärmte Suppentassen geben, Suppe auffüllen und reichlich mit Petersilie bestreuen.

Laddichsobbe mid Worschtekleeserchen

Zutaten: *1 Kopf Salat, 2 kleine Kartoffeln (geschält und gewürfelt), 1 Stange Lauch in feinen Streifen, 1 l Geflügelbrühe, 0, 2 l Sahne, 0,1 l Schmand, 50 g Butter, 3 El geschlagene Sahne.*
Klößchen: *3 altbackene Brötchen, 1 Ei, 50 ml Milch, 50 g Ahle Worscht und 10 g Schalotten (beides gewürfelt), 10 g gehackte Petersilie, Schmalz zum Anbraten.*

Zubereiten: Lauch und Kartoffeln in Butter anschwitzen, Brühe, Schmand und Sahne zugeben, 25 Minuten köcheln lassen.
Salat putzen und in Streifen schneiden, dann zur Suppe geben und noch 5 Minuten weiter köcheln lassen.
Für die Klößchen Brötchen würfeln und in heißer Milch etwa 10 Minuten abgedeckt weichen lassen. Wurst und Schalotten in heißem Fett anbraten und dann mit der Brötchenmasse und dem Ei vermengen. Gehackte Petersilie hinzugeben. Die Masse in kleine Kugeln formen und 5 Minuten in Salzwasser ziehen lassen.
Anrichten: Klößchen und Suppe in vorgewärmte Teller geben und mit geschlagener Sahne garnieren.

Selleriesuppe à la Creme mit Guter Wurst: Die Rote von Rohde

Zutaten: *1 Knolle Sellerie (etwa 500 g), 200 g Karotten, 80 g Butter, ¾ l Brühe, 100 g Schmand, 100 ml Vollmilch, 4 El trockenen Wermutwein (weiß), Salz, Pfeffer, 125 g schwach angeräucherte Dürre Runde (ohne Schale).*

Zubereiten: Sellerie und Karotten schälen, waschen, würfeln. Butter in einem Topf zerlassen und das gewürfelte Gemüse darin andünsten. Brühe, Schmand und Milch zugießen. Alles bei kleiner Hitze in geschlossenem Topf etwa 25 Minuten „köcheln“ lassen. Suppe mit dem Mixer pürieren, dann mit Wein, Salz und Pfeffer abschmecken.

Anrichten: Tiefe Teller vorwärmen. Dürre Runde schräg in dünne Scheiben schneiden und bis auf 4 Scheiben auf die Teller geben. Heiße Suppe darüber gießen. Jeweils eine Scheibe Dürre Runde auflegen und mit gehackter Petersilie anrichten.

Die Suppe wird entweder in der Tasse auf Scheibchen von Guter Wurst oder auf einem Teller unter einer Scheibe von der Guten Stracken serviert. Selbstverständlich wird sie mit Kräutern garniert.

(Rezept: Harald Kolle, Küchenmeister im Haus Rothstein)

Haus Rothstein, Kassel, liegt am Rande der bereits 1368 als Klosterbesitz erwähnten Dönche, einem stadtnahen Wander- und Erholungsgebiet.

Frank-Martin Neupärtl, Landrat des Schwalm-Eder-Kreises

„Ahle Worscht kann ich eigentlich immer essen. Am liebsten ohne Messer und Gabel, einfach aus der Hand. Meine ‚Lieblings-Ahle‘ kommt aus den guten Landmetzgereien oder direkt von den Bauernhöfen. Weil ich viel herumkomme, entdecke ich immer wieder eine neue ‚Lieblings-Ahle‘“.

Lauchsuppe mit Roter Wurst und „Krösderchen"

Zutaten: *250 g Lauch, 15 g Butter, ¾ l Brühe, Muskat, ¼ Zehe Knoblauch (über Nacht in etwas Weinbrand ausgelaugt), 125 g geschälte Pellkartoffeln, 50 g Rote Wurst, 1 Scheibe Toastbrot.*

Zubereiten: Lauch in Butter anschwitzen, Brühe auffüllen und mit der gewürfelten Kartoffel aufkochen, dann pürieren und mit Muskat abschmecken, erneut aufkochen lassen, Weinbrand einrühren.
Rote Wurst und Toastbrot würfeln, in Butter rösten.
Anrichten: Suppe auf vorgewärmte Teller geben und mit den Würfeln von Wurst und Brot garnieren.

Spargelsuppe auf nordhessische Art

Zutaten: *300 g Spargel, 1 ½ l Wasser, 75 g Butter, 50 g Mehl, 2 Eigelb, 5 El süße Sahne, Salz, Zucker, 125 g Rote Wurst, ungeräuchert.*

Zubereiten: Spargel schälen, waschen, stückeln und 12 Minuten in Salzwasser garen. Helle Schwitze herstellen aus Butter und Mehl, mit etwas Spargelbrühe ablöschen, dann in den Topf mit der Spargelsuppe geben. Suppe 20 Minuten köcheln lassen, vom Herd nehmen und die Wurst hineingeben.
Sahne und Eigelb verquirlen und in die Suppe rühren. Heiß servieren, aber nicht mehr kochen.
Anmerkung: Zum kulinarischen Angebot deutscher Restaurants gehört im Wonnemonat Mai „Spargel mit Schinken". Im Landkreis Kassel ist das zuweilen anders. Da gedeiht der Spargel auf den Feldern rund um Calden. Zugleich reift aber auch die Ahle Worscht in den Lehmkammern der Selbstversorger, der Bauern und Fleischer. Da darf sich niemand wundern, wenn zarter Spargel auch mit Guter Wurst angerichtet wird. Der Geschmack der Ungeräucherten in seiner milden Reife verträgt sich gut mit dem Aroma des delikaten Spargels.

Hat sie oder hat sie nicht?

Das ist eine jener berühmten Doppelfragen, die im Alltag oft gestellt werden. Man kann sie getrost mit einem „Ja" beantworten. Niemand weiß, ob das heißt: „Ja, sie hat" oder ob es bedeutet: „Ja, sie hat ihn nicht." Gemeint ist selbstverständlich der Kultstatus der *Ahlen Worscht.*
Wer eine eindeutige Antwort auf die eingangs gestellte Frage sucht, der sollte unsere „Reise durch die nordhessische Wurstlandschaft" im Geiste und – gewissermaßen – „im Schnelldurchlauf" wiederholen mit dem Ziel, Wurst nicht nur auf dem Papier zu genießen, sondern auch in der von Siegfried Lenz formulierten Absicht, das Wesen der Landschaft in ihren Würsten zu erkennen.

Zur Landschaft gehören die Menschen, die in ihr leben und wirtschaften. Da bezeichnete vor wenigen Jahren ein Kasseler Fleischer-Obermeister die *Ahle Worscht* als „Schätzchen" seiner Kollegen. Da gibt es jenen Obermeister im Altkreis Hofgeismar, der den ganzen Stolz des Fleischers in seiner *Ahlen Worscht* verkörpert sieht. Ein Fleischer im Ringgau glaubt mit unerschütterlichem Selbstvertrauen von seiner Ahlen, nur die allein sei „die eigentliche, die richtige, die wahre Ahle."

Wie die Wurst, so der Mensch

So vielfältig die *Ahle Worscht* in Nordhessen ist, so vielfältig sind auch die Menschen, vielfältig und ihrer regionalen Spezialität nicht unähnlich. Man trifft auf *Ahle Worscht* mit bauchiger Behäbigkeit, fest im Griff und doch mürbe im Kern, aber nicht „schmierig" und weit entfernt von schmalziger Geschmeidigkeit, aber doch dem Genießer auf der Zunge zergehend. In Nordhessen besitzt ein weicher Kern auch Festigkeit.

Der Reisende trifft auf seinem Weg durch die nordhessische Wurstlandschaft auch auf die Geraden, die Stracken, deren Festigkeit Härte bedeuten kann. Der Leser ahnt inzwischen: „Hier ist nicht nur von Würsten die Rede."

Typisch nordhessisch

Sicher ist die *Ahle Worscht* ein Ausdruck regionaler Wurstkultur, hat Charakter, Geschichte und Tradition, aber auch Geheimnisse, in denen das individuelle Können einzelner Meister steckt. Sie bietet jedem Genießer Geschmackserlebnisse besonderer Art, die durch keine noch so aufwendig produzierten künstlichen oder naturidentischen Aromen erreicht werden können. Hinter ihrer „gereiften Qualität" steht auch das besondere Klima einer an Wald und Wasser reichen Mittelgebirgslandschaft. So gibt es die nur in Nordhessen.

Wer die Region mit allen Sinnen erleben will, der muss auf Land und Leute sehen und hören, aber auch auf ihr kulinarisches Erbe, auf Altes im Neuen, und dazu gehört die *Ahle Worscht,* mag sie auch mancher *Ahle Woschd* nennen oder Ahle Wurscht. Auch die Vielfalt im Ausdruck gehört zu Nordhessen.

Hat sie ihn nun oder hat sie ihn nicht, die Ahle, einen Kultstatus? Sie hat!

Des Rätsels von Seite 17 Lösung

? Wer hat nach einem alten Schwälmer Kinderrätsel Hülle und Fülle?

! Auf diese Frage fallen dem Nordhessen gleich zwei Antworten ein: die Wurst und der mit Guter Wurst gefüllte Kartoffelkloß.

? Welche Dürre ist auch eine Runde?

! Die Nordhessen bezeichnen eine Rohwurst im „Kranzdarm" oder in ähnlich geformten künstlichen Hüllen als Dürre Runde.

? Welcher Träger der Krone wird daran aufgehängt?

! In der „Wurstologia" wird schon 1662 eine Schlackwurst genannt. Ihren Namen verdankt sie dem Darm, in den die Wurstmasse gefüllt ist: die Schlacke, den Spießdarm, Enddarm, Schlossdarm oder Mastdarm des Schweins. Alte Hausmetzger nennen ihn derb aber deutlich „Arschdarm". Die gefüllte Schlacke wurde am dicken Ende „gespeilt", ein Speil durch die Kerbe zwischen Darm- und Fleischmuskulatur gesteckt und mit einer Schleife Wurstgarn umschlungen. Der Rest Fleischmuskulatur am Ende des Schlossdarms heißt in der Fachsprache Krone. So trägt die Schlacke nach altem Brauch die „Krone" unter Nordhessens Guten Würsten, und das am dicken Ende. Warum? Sie gibt ihnen Halt, wenn sie am Seile baumeln.

? Welcher Hund kam als armes Schwein zur Welt?

! In der ersten Hälfte des 20. Jahrhunderts hieß eine Dürre Runde aus Schweinefleisch in Nordhessen Dürrer Hund, wenn sie in der Mitte der Rundung zu zwei Hälften abgebunden worden war.

? Wieso ist die Gute Wurst der Nordhessen zwar eine Rote Wurst aber keine Rotwurst?

! Nach den Leitsätzen für Fleisch und Fleischerzeugnisse im Deutschen Lebensmittelbuch ist die Rotwurst eine Blutwurst aus der Gruppe der echten Kochwürste, die vorgegartes Material enthalten und auch „gekocht" werden. Als Rote Wurst bezeichnen die Nordhessen eine Rohwurst, deren rohe Wurstmasse während der Reifung mit Salpeter oder Nitritpökelsalz „umgerötet" wurde.

? Welche Fülle heißt wie die Hülle?

! Die Bezeichnung für die Wursthülle wird in Nordhessen oft auf die Rote Wurst übertragen:
Der Mitteldarm des Rindes heißt in der Fachsprache „Stracker Darm", weil er gerade oder „strack" verläuft, wenn er vom

Bauchfett gelöst wurde. Der Name wurde auf die in ihn gefüllte Rohwurst übertragen: die Stracke.
Auch die in eine Kalbsblase gefüllte Rohwurst wird nach der Hülle als Blase oder „Bloose" bezeichnet.
Die von den Flomen des Schweins gelöste „Schmalzhaut" oder Flomenhaut (Blummenhudd) kann zu einer Wursthülle abgenäht und mit Rohwurstmasse gefüllt werden. Die naturgereifte „alte" Wurst in der Flomenhaut erhält den Namen ihrer Hülle.

? Wo gibt es in Nordhessen ein Ende nach dem Ende?
! Der Mastdarm der Schlachttiere heißt in der Fachsprache auch Fettdarm. Als Wursthülle wird er meist in zwei Stücke geteilt: das „Fettende" mit dem Afterschließmuskel als „Krone" und das „Nachende" zum Mitteldarm hin.

? Wer nimmt ab und wird fett dabei?
! Das gelingt nur der Ahlen Worscht: Ihr Muskelfleisch gibt während der Reifung Feuchtigkeit an die Raumluft ab. Dadurch steigt der prozentuale Anteil an Fettgewebe. Das zeigt auch der Anschnitt.

? Wie unterscheidet sich geräucherte Ahle der Nordhessen vom Hamburger Räucheraal?
! Geräucherte Ahle ist eine kalt geräucherte Ahle Worscht aus der Familie der Rohwürste, der Räucheraal ein gepökelter, heiß geräucherter Fisch.

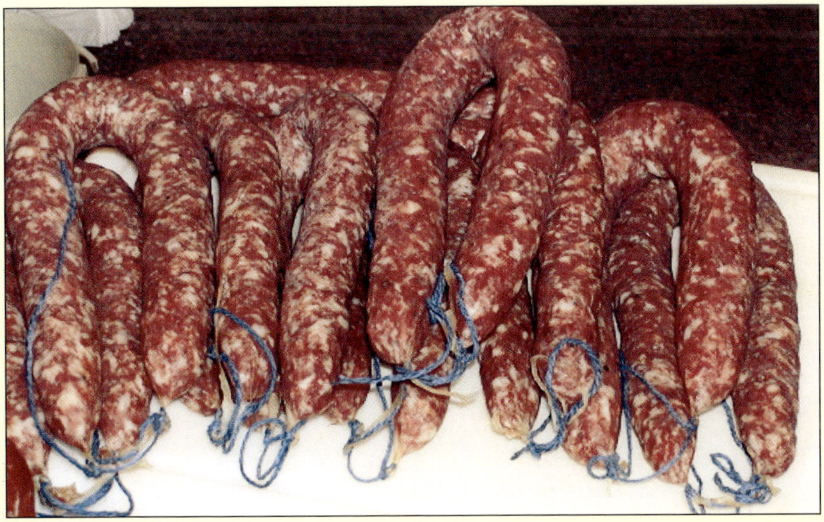

Lexikon einiger Begriffe aus Mundart und Fachsprache

achielen: aus dem Jiddischen in die Mundart übernommener Ausdruck für gierig essen.

Biesetzegläschen: kleines Glas für Schnaps, das neben das „Kännchen“ gestellt wurde.

Bladdzen, Blatz: kleiner, runder, flacher Kuchen, als Kartoffelblatz aus geriebenen Kartoffeln auf einer heißen Platte gebacken. Regional unterschiedlich auch als Schepperling bezeichnet, etwa Waldecker Schepperlinge.

blisbern: flüstern.

Block: In der Fachsprache ein Hackklotz aus Hartholz. Auf dem Block wurde früher das Wurstfleisch zerkleinert, nämlich gehackt (Gehacktes, Hackfleisch, Haggebank) oder gewiegt (Gewiegtes).

Blummenhudd, Schmalzhaut: dünne Haut aus Bindegewebe. Sie überzieht die Flomen zum Bauchraum hin. Sie wurde früher zur Wursthülle abgenäht. Auch die hineingefüllte Wurst hieß „Schmalzhaut“ oder „Blummenhudd“. Das Wort ist eine mundartliche Verballhornung der Bezeichnung Flomen.

Brat, Brät, Bret: ursprünglich Fleisch, später für Wurst zerkleinertes Fleisch.

Bühne: früher Gestell im Rauchfang über der Kochstelle. Daran hing die eiserne „Hahle“ mit Kochtopf, oft auch die Wurst aus der Hausschlachtung.

Dänsebiesder: Kräftige Zug- oder Fahrochsen, meist Simmentaler Rasse.

Deutsches Lebensmittelbuch, DLB: von einer Kommission aus Wissenschaftlern, Verbrauchern, Vertretern von Handwerk, Handel und Industrie zusammengestellte Sammlung von Leitsätzen, Begriffsbestimmungen, Beurteilungsmerkmalen für Lebensmittel, etwa Fleisch und Fleischerzeugnisse.

Diebchen, Diewerchen: Mehlklöße.

Dirrer (dürrer) Hund: runde Rote Wurst, die gleich nach dem Füllen in einen Kranzdarm in der Rundung zu zwei Hälften „durchgebunden“ wurde.

Drichienenworm: Muskeltrichine, die bei Genuss des rohen Fleisches Trichinose verursachen kann.

dreeje: trocken.

dreit (mittelhochdeutsch): trägt.

Feldkieker: dicke Ahle Worscht, meist in Form einer Blase oder Keule, auch in der Schlacke. Der Ausdruck kam ursprünglich vor allem im ehemals „Mainzischen Niederhessen“ vor, den Räumen um Fritzlar und um Hofgeismar.

Fettende: siehe Schlacke.

Flan: Klassisches Gericht aus Eigelb und Sahne, auch Butter sowie würzenden Zutaten. Die dickschaumige Speise wird in Förmchen gefüllt und im Ofen im heißen Wasserbad pochiert.

Flomen, Schmer, Liesen: mit einer Haut überzogenes Depotfett an der Bauchwand des Schweins.

„Förderverein Nordhessische Ahle Worscht e. V.“: Vereinigung von Herstellern und Liebhabern der „Ahlen Worscht“ mit den Zielsetzungen, offene Fragen zu klären, ihre Bezeichnung als Qualitätsbegriff zu schützen und überregionale Anerkennung zu erreichen. Die Wursthersteller unter den Mitgliedern verpflichten sich zur „Auditierung“ oder Überprüfung ihrer Betriebe auf Einhaltung des Standards für Ahle Worscht.

Goldfasan: ironische Bezeichnung für einen Funktionär der „Nationalsozialistischen Deutschen Arbeiterpartei“ (NSDAP), der „im Dienst“ khakifarbene Uniform mit goldfarbenen Rangabzeichen und gelb-braunen Schaftstiefeln trug.

grebieren: krepieren, verderben.

Hahle: Kette oder gezahntes Eisenblatt als Halterung für einen Kochtopf über der offenen Feuerstelle.

Hakenrein, hoogenreine: Zustand der Sauberkeit des Schlachtkörpers eines Schweins nach dem Brühen, Kratzen, Enthaaren und Abspülen. Er ist so sauber, dass er zum Ausnehmen der Innereien und zum Spalten an einen Haken aufgehängt werden kann.

Hawermegger, Hawermäjer, Habermegger, Hawwermäjer: mundartliche Ausdrücke für eine Waldecker Spezialität: Ahle Worscht mit Senfkörnern. Ursprünglich bei der Hausschlachtung im Winter hergestellt und bis zur Haferernte für die Mäher aufbewahrt.

Hossich-Musseganden: zur Hochzeit aufspielende Musikanten, Titel eines Buches des Heimatdichters Heinrich Ruppel.

Käbbchen (nach Grassow von Kobb für Kopf): kleiner Kopf, heute Tasse.

Kaliber: in der Fleischer-Fachsprache der Durchmesser einer gefüllten Wursthülle.

Kleeserchen: Klöße.

knibbelharde, knüppelhart: Hart wie ein Knüppel aus trockenem Holz.

Körnelung, Körnung: Durchmesser der im Wolf zerkleinerten Partikel. Als „grob" gelten in der Fachsprache des Fleischers Partikel von 6–10, als mittel von 3–5, als fein bis 3 mm Durchmesser.

Korzer: ein Gläschen Schnaps von der Größe eines *Biesetzegläschens,* das zur Selbstbedienung neben das Kännchen gestellt wurde.

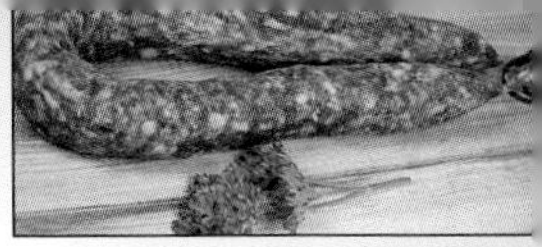

koscher: sauber, rein, einwandfrei, nach den jüdischen Speisegesetzen ohne Bedenken genießbar.

Kranzdarm: ursprünglich Dünndarm der Schlachttiere, für Dürre Runde gewendet und entschleimt. Heute auch „Kunstdärme", die zur Ringform gebunden werden können.

Krone: Fachbezeichnung für den Schließmuskel am „Schluss" des Mastdarms.

krosdelieren: aus dem Französischen in die Mundart übernommener Ausdruck. Croustiller bedeutet eigentlich „ein Krüstchen essen". Die Nordhessen meinten damit „genießen", und zwar „Bissen für Bissen".

Krösderchen: Dünne Scheiben Weißbrot, gewürfelt und in Butter geröstet für Suppeneinlagen.

Laddich, Lattich: Grüner Salat, in Nordhessen meist mit Schmandsoße angemacht.

Langwiede: Stange zwischen dem vorderen und dem hinteren Teil eines Erntewagens.

mäh: wir.

Micker, Migger: Bauchfett, an dem die Verdauungsorgane hängen.

Nachende: Fachbezeichnung für das gerade Stück des Mastdarms vor dem eigentlichen Enddarm, Übergang zwischen Krausem Darm oder Mitteldarm und Schlacke.

närrsch, von närrisch abgeleitet: komisch, sonderbar, auch verrückt oder verrückt nach etwas.

raddzekahl: radikal.

Pensionsschwein: Im Kriege Schlachtschwein, das von einem Landwirt gegen Entgelt aufgezogen wird. Der Auftraggeber lässt es für sich „hausschlachten", um als „Selbstversorger" zu gelten und damit auch „Ahle Worscht" essen zu können.

Resderkleese: Kartoffelklöße in Scheiben auf der Pfanne gebraten. Die Bezeichnung deutet darauf hin, dass ursprünglich die bei einer Mahlzeit übrig geblieben restlichen Klöße verwendet wurden. Durch das Anbraten in Scheiben wurden sie wieder zu einer warmen Speise.

Sabayon: Im Wasserbad aufgeschlagene Creme oder dickschaumige Soße. Sie besteht in der Hauptsache aus Eigelb und Wein sowie würzenden Zutaten. Senfsabayon enthält süßen Senf. Sie kann je nach Geschmacksrichtung mit trockenem oder lieblichem Weißwein, auch mit Marsala, Madeira oder Portwein aufgeschlagen werden.

Schbannschlauch, Spanischer Lauch: Porree.

Schlacke, Fettende: Fachbezeichnung für den Mast-, Schloss-, End- oder Spießdarm, auch für die darin abgefüllte Wurst.

schmähren: Schmieren.

Schmand (Schmant): in Nordhessen für Rahm üblich, im 15. Jahrhundert bereits als „smand".

Schmeckewöhlchen: Lieblingsspeise des Kasseläners, bei deren Genuss er sich „wohl" fühlt.

schnobbern: riechen, schnuppern.

Speil: alter niederhessischer Ausdruck für kleine, an einem Ende zugespitzte Holzstäbchen.

Spritze: in der Fachsprache des Fleischers die Maschine zum Füllen der Wurst, auch Füllmaschine oder Füller genannt.

Schustersoße: einfache Specksoße, früher oft mit Mehl statt Schmand hergestellt.

Schwengel: hin- und herschwingendes Geräteteil, etwa an einem Fuhrwerk zur Befestigung der Zugriemen des Geschirrs von Pferd oder Kuh.

Schwengelschisser: Kleiner Landwirt, der seine Äcker mit einem Kuhgespann bewirtschaftet.

sesden: sonst.

Slow food: „Anglizismus", der den Gegensatz zu „fast food" ausdrücken soll. Gemeint sind umweltbewusst produzierte, delikate, regionaltypische Speisen, die ein Geschmackserlebnis bieten und mit Genuss ernährungsbewusst verzehrt werden. Heute nennt sich eine 1986 gegründete, weltweit organisierte Vereinigung „Slow Food" mit dem Ziel, Esskultur und Geschmacksvielfalt zu erhalten. Sie versteht sich als Mittler zwischen Genuss und Ethik.

Stracke: ursprünglich die in den Grimmdarm, Mitteldarm, „stracken" Darm des Rindes gefüllte Rohwurst. Heute werden meist „Kunstdärme" als künstlich hergestellte Wursthüllen aus Naturprodukten verwendet.

suw (mittelhochdeutsch): Sau, Schwein.

verboggen, verbocken: verderben, fehlerhaft ausführen.

Wärd: Gastwirt.

Zerealien: Erzeugnisse aus Getreide, Name von der römischen Göttin Ceres hergeleitet.

Rezeptverzeichnis

Bauernomelett, Kurhessisches 62
Bauernpfanne, Upländer 29
Dürre Runde, gebraten (sauer/süß) 22

Eintöpfe/Suppen
- Bohnensuppe, weiß 64
- Kartoffelsuppe 66
- Laddichsobbe mid Worschdekleeserchen 66
- Lauchsuppe mit Roter Wurst und „Krösderchen“ 68
- Pastinakenschaumsüppchen 65
- Quer derch den Gaarden (Quer durch den Garten) 64
- Selleriesuppe à la Creme 67
- Spargelsuppe 68
- Waldecker Südfrüchte mit Habermegger und Rote-Bete-Chips 28

Kartoffelpüree mit Chicoree 43

Klöße
- Diebchen 14
- halb und halb 13
- Kartoffelklöße 12
- Resderkleese 14
- Schwälmer 12

„Kuchen“
- Lauchblatzen mit Ahler Worscht 62
- Lauchtorte 62
- Reibekuchen 61
- Speckkuchen 63
- Worschdepannkuchen 63

Ochsenaugen, Stracke in 56
Rühreier mit Harter Wurst 56

Salate
- Reissalat 25
- Spargelsalat 25
- Stracke-Muskatkürbissalat (warm) und Senfsabayon 24

Stracke im grünen Kohl 27
Wisskrudd, gebrore (gebratenes Weißkraut) 27
Wurst-Käsegratin mit Gemüse und Kräutern 43

Literaturhinweise

Rezeptbücher u. ä.
Frauenbildungsverein (Hg): Zwei handgeschriebene Kochbücher, Cassel o. J. (1900–1917)
NN: Hessisches Kochbuch, Marburg 1840
NN: Schwälmer Kochbuch, Ziegenhain 1980
NN: Wurst-Rezeptbuch aus dem Jahre 1662, Berlin o. J.
Wald. Landesfrauenverein (Hgb.): Waldecksches Kochbuch, Arolsen 1901

Darstellungen
Dalberg, J.: Volkskunde der Hessen-Kasseler Juden, in Hallo, R.: Geschichte der jüdischen Gemeinde Kassel, Kassel 1931
Dülfer, Kurt: Die Regierung in Kassel, Kassel 1960
Falckenheiner, Carl Bernhard Nicolaus: Geschichte Hessischer Städte und Stifter (Hofgeismar), Cassel 1841
Fremdenverkehrsverb. „Kurhess. Bergland (Hgb.): Hier, wo wir leben, Melsungen 1987
Hauck, Wilhelm: Aus stillen Gassen, Fulda 1958
Hessler, Carl: Hessische Volkskunde, Marburg 1904
Keim/Bentler: Ahle Worschd und Dürre Runde, Rohwurstspezialitäten mit Tradition, Die Fleischwirtschaft, Frankfurt 1981
Lenz, S.: Seltsame Annäherung – Die Ringgauer Wurstprobe. Merian-Werraland, 1980
Lissner, Erich: Wurstologia oder Es geht um die Wurst, Wiesbaden 1939
Pfister, F.: Kleines Handbuch der Landeskunde von Kurhessen, Kassel 1840
Thiedig: Regionaltypische traditionelle Lebensmittel und Agrarerzeugnisse. „Kulturelle und ökonomische Betrachtungen zu einer ersten Bestandsaufnahme deutscher Spezialitäten"
Zischka, Ottomeyer, Bäumler (Hg.): Die anständige Lust, von Esskultur und Tafelsitten, München 1993

Dialekt
Berndt, Konrad: Frigedellen, Cassel 1913
Duckefedd, Christejahn: Us minnen Dagebuche, Cassel 1910
Herzog, Hartmann: In Freid un Leid un Ewwermut, Melsungen 1932
Lüttebrandt, Wilhelm: Gasgenaden un Schmaguggen, Cassel 1917
Ders.: Mä honn's, mä kunn's, Cassel 1919

Wörterbücher, Lexika u. ä.
Grassow, August (Hgb. Heidelbach): Wörterbuch der Kasseler Mundart, Kassel 1952
Hönn, Paul Georg: Betrugs-Lexicon, worinnen die meisten Betrügereyen in allen Ständen ... entdecket, Coburg 1724

Marperger, Vollständiges Küch- und Keller-Dictionarium, Hamburg 1716
NN: Deutschlands kulinarisches Erbe, Cadolfsburg 1998
Oetker, Dr. (Hgb.): Lexikon Lebensmittel und Ernährung, Bielefeld 1983
Pini, Udo: Das Gourmet-Handbuch, Köln 2000
Vilmar, A. F. C.: Idiotikon von Kurhessen, Marburg 1868

Quellen

Apell, Christian Gerhard: Sammlung Fürstlich-Hessischer Landesordnungen und Ausschreiben, Bd. I – Bd. VI, Cassel o. J.
Zimmermann, Ludwig: Der ökonomische Staat Landgraf Wilhelms IV. Bd. II, Marburg 1934

Zeitschriften/Zeitungen

Allgemeine Fleischer-Zeitung, Frankfurt
Der Mundart-Kurier, Niedenstein
Extra Tipp, Kassel
Fleischwirtschaft, Frankfurt
Heimat-Schollen, Melsungen
Hessische Niedersächsische Allgemeine, Kassel
Hessenland, Marburg
Schulnachrichten für Kurhessen, Eschwege, 1857 u. f.

Weitere Bücher aus dem Wartberg Verlag für Ihre Region

„Wo mäh früher gefeiert hon“
Über 100 Jahre Kasseläner Gastlichkeit
von Rolf Lang
64 S., geb., Großformat,
zahlr. S/w-Fotos
(ISBN 3-8313-1246-X)

Kassel von A–Z.
Das Lexikon der Kasseläner Begriffe
von Heinrich Keim
136 Seiten, geb., zahlr. S/w-Fotos
(ISBN 3-8313-1032-7)

Nordhessen kulinarisch
Rezepte und Geschichderchen rund um die regionale Küche
von Abbelschnee bis Zwebbelchen
von Heinrich Keim
144 Seiten, geb., zahlr. S/w-Fotos
(ISBN 3-8313-1453-5)

Nordhessisches Geschenkbüchlein
von Susanne Seidenfaden
48 S., geb., zahlr. Farbfotos
(ISBN 3-8313-1080-7)

Wartberg Verlag GmbH & Co. KG
Bücher für Deutschlands Städte und Regionen
Im Wiesental 1 · 34281 Gudensberg-Gleichen · Telefon: (0 56 03) 9 30 50 · Fax (0 56 03) 30 83
www.wartberg-verlag.de